Torche Mirobolante

17-Série 1

Les vertus du Pardon

Révérend Renaut Pierre-Louis

Pour toutes informations et pour vos commandes, adressez-vous à

Peniel Haitian Baptist Church
P.O. Box 100323
Fort Lauderdale, FL 33310
Phone : 954- 525-2413
Cell : 954- 242-8271
Website : www.theburningtorch.net
Website : www.peniel baptist.org
e-mail : renaut@theburningtorch.net
e-mail : renaut_cyrille@hotmail.com

3

Avant-propos

Le mot pardon est introduit dans notre vocabulaire au cours de la dispensation de la conscience, quand l'homme commençait à développer un sentiment de culpabilité pour ses mauvais actes dont Dieu le rend débiteur pour une juste et équitable réparation. A la vérité, cette vertu est bien rare et l'homme, quel qu'il soit, à un certain moment de la durée, vacille et trébuche devant son application. A en parler, je me condamne moi aussi et je fais mon mea culpa devant Dieu tout en lui demandant de m'aider à être sincère par la mise en pratique de cette portion de l'oraison dominicale ainsi libellée : « Pardonne-nous nos offenses comme nous avons déjà pardonné à ceux qui nous ont offensés ». Est-on sincère ? Je ne sais pas. Je ne suis pas juge. Je suis comme vous au banc des accusés. Parcourons ensemble cette série dans l'espoir de trouver de l'aide du Père bon et miséricordieux.

Révérend Renaut Pierre-Louis

Leçon 1 - Le Pardon et les offenses

Textes de base : Ex.21 :23-25 ; 2S.10 :1-18 ;
Mt.5 :25 ; 18 :15-18 ; Ro.12 :19
Texte d'appui : 2S.10 :1-7
Texte d'or : Ne vous vengez point vous-mêmes, bien-aimés, mais laissez agir la colère ; car il est écrit : A moi la vengeance, à moi la rétribution, dit le Seigneur. Ro.12 :19
Méthodes : Discussion, comparaisons, questions
But : Considérer l'attitude à observer en cas d'offense

Introduction
Dites-moi bien, peut-on parler de pardon sans qu'il y ait eu une offense préalable ? Jamais

I. Quand peut-on en parler ?
Quand il fait l'objet d'une réparation légitime.

II. Comment le gérer ? Il faut connaitre d'abord la nature de l'offense pour les raisons suivantes :
1. L'offense peut refléter un problème spirituel.
   Si l'offenseur s'excuse et en fait restitution, la conclusion est bonne. Si au contraire, il veut nier son tort, le cas peut s'aggraver.
2. Elle peut refléter un problème psychologique.
   a. *Quand l'offense était préméditée.* La personne offensée étant prise au dépourvu, pourrait réagir par la violence ou le silence.
   b. *Quand l'offense est ignorée.* Vous appelez tort ce que l'offenseur juge insignifiant.
3. Elle peut refléter un problème social
   Si vous êtes seul à affronter la situation, votre réaction pourra être nulle.

III. Comment réagir à l'offense ?

1. **Dans l'Ancien Testament.** La Loi du Talion prévalait : « Œil pour œil et dent pour dent ». On se venge. Ex.21 :23-25.

2. En guise d'exemple :

    a. Le roi David délégua des représentants auprès d'Hanun, roi des ammonites pour lui exprimer ses sympathies à l'occasion du décès de son père. Les ministres d'Hanun taxèrent cette visite d'opération d'espionnage et en profitaient pour humilier honteusement les parlementaires de David. C'était déjà une déclaration de guerre. 2S.10 :6 -7

    b. La réponse de David par les armes couta à l'adversaire la vie de 40,000 soldats et la perte de 700 chars de guerre. 2S. 10 :18

3. **Dans le Nouveau Testament.** Jésus recommande plutôt le dialogue, le pardon et la réconciliation sans délai. Mt.5 :25 ; 18 :15-18

Conclusion

Jugez-en vous-mêmes de la conclusion.

Questions

1. Quand peut-on parler de pardon ? Quand il y a eu offense.

2. Sous quels aspects peut se présenter l'offense ? Sous les aspects psychologiques, sociologiques ou spirituels.

3. Quelles peuvent-être les réactions de la personne offensée ? Le silence ou la violence

4. Comment se réglait les offenses dans l'Ancien Testament ? Par la loi du Talion

5. Donnez un exemple de réaction à une offense.
David brandit les armes contre les ammonites pour venger l'humiliation faite à son ambassade.

6. Quelle en était la raison ?
Le roi Hanun humilia la délégation qu'il prit pour des espions.

7. Que recommande Jésus-Christ ? Le dialogue, la réconciliation, le pardon au plus tôt.

8. Quelle serait votre réaction après cette leçon ?

Leçon 2 - Le pardon en lui-même

Textes de base : Ge.39 :9 ; Mt.6 :15 ; 18 : 22 ; Lu.15 :19 ; Col.3 :13 ; Ja.3 :2
Texte d'appui : Mt.18 : 15-22
Texte d'or : Si ton frère a péché, vas, reprends-le entre toi et lui seul. S'il t'écoute, tu as gagné ton frère. Mt.18 :15
Méthodes : Discussion, comparaisons, questions
But : Encourager les chrétiens à pardonner et à demander pardon.

Introduction
Quelqu'un a dit : « Si vous n'avez pas le courage de vous excuser, tâchez de n'offenser personne » Est-ce possible ?

I. Considérons la faiblesse humaine
1. Nous bronchons tous de plusieurs manières. Ja. 3 :2
2. Nous pouvons même offenser notre prochain par ignorance. Paul recommande le pardon réciproque. Col.3 :13

II. Considérons la prescription de Jésus à ce sujet
1. Le premier offensé est notre Père céleste. Joseph le savait si bien qu'il repoussa toutes les avances de la femme du général Potiphar.Ge.39 :9
2. Cependant, demander pardon à Dieu ne suffit pas. Il faut le solliciter de la victime, même si vous devez le faire jusqu'à 70 fois 7 fois. Mt. 6 : 12 ; 18 :22

3. A son tour, il doit vous pardonner s'il veut débloquer ses bénédictions. Mt. 6 : 15

II. **Voyons l'état d'âme de la personne offensée :**
   1. Elle n'oublie pas l'offense et peut seulement ajourner sa vengeance pour un moment favorable.
   2. Cependant, le Saint Esprit peut l' en empêcher même quand elle en a les moyens. Ge.50 :15-21
   3. Le vrai pardon est alors accordé PAR **DON** et non PAR **CALCUL**

III. **Le pardon annule-t-il la pénalité ?**
   Jamais. Le prix de l'offense doit être payé : Il faut la restitution. Comment ?
   1. Dans certains cas, par des moyens matériels comme l'avait promis Zachée. Lu.19 :8
   2. Dans le cas contraire, par un service bénévole si l'on est insolvable. Lu.15 :19
   3. Mais s'il s'agit d'une vierge offensée dans sa virginité, les négociations doivent aboutir à une honnête et juste réparation.

Conclusion
Donnez à Dieu la chance de vous bénir en réparant vos torts sans délai.

Questions

1. Qui d'après-vous n'a jamais fait tort à personne ?
   Personne

2. Pourquoi ?
   Nous bronchons tous de plusieurs manières.

3. Que nous conseille l'apôtre Paul ?
   Le pardon réciproque

4. Qui est le premier offensé ? Le Père céleste

5. Que faire en ce cas ?
   Il faut demander pardon d'abord au Père puis pardonner à notre frère coupable.

6. Comment considérer le pardon ?
   a. Comme une disposition purement spirituelle pour s'abstenir de se venger quand on en a les moyens.
   b. C'est une faveur faite au coupable.

7. Le pardon annule-t-il la pénalité ?
   Non. Il implique la restitution ou la réparation en dommage.

Leçon 3 - La source du pardon

Textes de base : Mt. 5 :23, 45-47 ; 6 : 12, 23 ; Lu.6 :30-36 ; 19 : 8-9 ; Jn.3 :16 ; Ja.5 :16
Texte d'appui : Ja.5 :14-18
Texte d'or : Si donc tu présentes ton offrande à l'autel, et que là tu te souviennes que ton frère a quelque chose contre toi, laisse là ton offrande devant l'autel, et va d'abord te réconcilier avec ton frère ; puis, viens présenter ton offrande. Mt.5 :23
Méthodes : Discussion, questions
But : Rechercher l'équilibre spirituel entre les chrétiens faibles comme nous.

Introduction

Généralement, toute transaction exige une négociation entre le vendeur et l'acheteur. Le pardon est une transaction où l'offensé fait plus de frais que l'offenseur. Combien va-t-il débourser ?

I.   Il va faire un acte de générosité

L'offenseur est votre débiteur. Il contracte envers vous une dette exigible. Par le pardon, vous lui donnez l'absolution. Cette générosité est une vertu du cœur.

1. On ne peut pardonner sans aimer. On ne peut aimer non plus sans pardonner. Dieu nous pardonne par amour. Jn.3 :16

2. On ne peut jamais pardonner si l'on ne connait pas Dieu. On pardonne pour lui plaire et lui ressembler. Mt.5 :45-47

II. Il est appelé à faire les premières démarches.

Si votre frère vous offense, abordez-le pour la réconciliation. Jésus nous l'enseigne quand il quitta son trône pour venir nous offrir le pardon. Le plus fort donc va vers le plus faible. Que faire ?

1. Vous vous confessez d'abord à Dieu pour vos péchés personnels. Mt.5 : 12, 23
2. Vous vous réconciliez avec votre frère dans la prière et la confession. Ja.5 :16
3. Maintenant, Vous êtes libre de présenter vos offrandes à Dieu. Mt.5 :23

III. Sa récompense

1. L'offensé se libère en libérant son frère. La gloire de Dieu et la vue de Jésus désarment son cœur en faveur de ses bourreaux qu'il pardonne. Ac.7 : 55-60
2. Il garde l'équilibre d'esprit et la paix dans la conscience.
3. Si le coupable refuse de réparer ses torts, la personne offensée obtiendra de Dieu une double bénédiction. Lu. 6 : 35 ; 19 :8-9

Conclusion

Cependant, il coute beaucoup de pardonner. Demandons à Dieu de nous en donner les moyens et surtout la foi.

Questions

1. Comment considérer le pardon dans cette leçon ?
   Comme un acte de générosité

2. Quelles sont les étapes prescrites pour le pardon ?
   a. L'offensé confesse d'abord ses fautes personnelles à Dieu.
   b. Puis, il tente la réconciliation avec le coupable.
   c. Enfin, il retourne à Dieu pour présenter ses offrandes.

3. Pourquoi doit-il faire les premiers pas ?
   Parce que quand on a raison on est le plus fort.

4. Quels en sont les bénéfices pour la victime ? Dieu lui accordera
   a. La paix dans la conscience
   b. L'équilibre d'esprit
   c. Une meilleure santé pour le corps et pour l'âme
   d. Il peut espérer recevoir une bénédiction au double

5. Qui lui donne la force d'agir ainsi ? Le Saint-Esprit

Leçon 4 - Les exigences du pardon

Textes de base : Lu. 5 :20 ; 23 :34 ; Jn.3 :16 ; 17 :20 ;
Ro.5 :1, 8 ; 6 :23 ; Ep.2 :8-10 ;1 Jn.2 :1
Texte d'appui : Ep.2 :1-10
Texte d'or : Car c'est par la grâce que vous êtes sauvés,
par le moyen de la foi. Et cela ne vient pas de vous,
c'est le don de Dieu. Ep.2 :8
Méthodes : Discours, comparaisons, questions
But : Nous rendre conscient du prix de notre salut pour
ne pas le sous-estimer.

Introduction
Quand quelqu'un pèche contre Dieu ou son prochain
qui peut le libérer ?

I. Il doit d'abord se reconnaitre prisonnier par son acte.

1. Pour l'instant, il doit se considérer en liberté
   provisoire. C'est de là qu'il lui faut constituer un
   avocat pour sa défense. Voilà d'où vient le
   principe de la justification par la foi. Ro. 5 :1
2. Puisqu'il a péché, il doit en subir les conséquences.
   Cependant le salaire du péché c'est la mort.
   Ro.6 :23
3. La Loi, les bonnes œuvres, l'argent et la
   renommée ne peuvent le libérer. Ep.2 :8
4. Dieu est l'offensé. Il veut punir le péché mais en
   même temps sauver le pécheur. Ro.5 :8
5. Le prix à payer est trop gros pour l'homme. Jésus
   seul s'est offert comme son avocat pour plaider sa
   cause.1Jn.2 :1

II. Il doit accepter la méthode divine du salut.

1. Dieu veut lui pardonner par amour en supportant lui-même les frais. Jn.3 :16
2. L'homme doit accepter le pardon de Dieu par la foi. Il doit aussi se pardonner et rejeter les arguments ainsi que les excuses incapables de compenser les dommages. Ep.2 :8
3. En principe, il devrait implorer ce pardon avant de pouvoir l'obtenir. Pourtant, la miséricorde de Dieu en a fait provision à la croix du calvaire même pour les générations à venir. Jn.17 : 20 ; Lu.23 :34
4. C'était d'ailleurs le premier soin qu'il accordait aux malades. Lu.5 :20

Conclusion

Dieu nous pardonne par amour. Il nous demande de l'imiter. Aimons et pardonnons.

15

Questions

1. Quelle est la condition de l'offenseur face à l'offensé ? Il est prisonnier de son acte.

2. Comment doit-il se considérer pour l'instant ? Comme un prisonnier en liberté provisoire.

3. Que doit-il faire dans ce cas ? Constituer un avocat de confiance pour le justifier

4. Dans notre cas, qui peut nous libérer du péché et de la condamnation ? Jésus-Christ

5. Que doit faire l'homme pécheur ? Accepter par la foi la méthode divine du salut.

6. Quel est le premier soin accordé par Jésus au malade ? Le pardon

7. Combien Jésus fait-il payer par boîte de salut ? Le salut ne vient pas par boîte. C'est un don de Dieu.

8. Vrai ou faux
   a. Dieu doit soustraire mes mauvaises œuvres des bonnes œuvres pour me donner ma note. V__ F__
   b. Dieu va m'envoyer au ciel parce que je fais le bien en évitant le mal. V__ F__
   c. L'enfer est sur la terre. On paie tout ici-bas, ainsi notre ciel est garanti. V__ F__
   d. Je suis sauvé par grâce, par le moyen de la foi en Jésus seul. V__ F__

Leçon 5 - Les bienfaits du pardon et les inconvénients de la rancune

Textes de base : Ge.33 :12-17 ; 36 :12 ; Ex.17 :8 ; Ps.4 :9 ; 25 :21 ; Est.3 :1 ; Pr.28 :1 ; Mt.2 :13 ; Mc.2 :13-17 Lu.23 : 6-12

Texte d'appui : Mc.2 :13-17

Texte d'or : Ce que Jésus ayant entendu, il leur dit : Ce ne sont pas ceux qui se portent bien qui ont besoin de médecin, mais les malades. Je ne suis pas venu appeler des justes, mais des pécheurs. Mc.2 : 17

Méthodes : Discussion, questions

But : Montrer comment le coupable est digne de notre pitié.

Introduction
Si le pardon nous libère et change notre milieu, que dire de la rancune ?

I. Voyons les bienfaits du pardon
1. *Dans notre vie personnelle.*

Vous avez déjà vu comment il procure une sensation de bien-être, Vous avez vu comment il procure une paix intérieure, un sommeil agréable. Ps.4 :9

a. De plus, Dieu nous garde à cause de notre innocence et notre droiture. Ps.25 :21

b. Nous devenons forts comme un jeune lion contrairement au méchant qui prend la fuite, sans qu'on le poursuive. Ge. 4 :16 ; Pr. 28 :1

2. *Dans notre entourage :*
Notre manière d'agir change notre environnement. Nous sommes mieux disposés à coopérer. Mathieu par exemple, était ce publicain haï de tous, un marginalisé social. Jésus le considère comme un malade en besoin d'un médecin. Mc. 2 :17
Jésus l'a sauvé et l'a admis dans sa compagnie. Dès lors, il invita le Seigneur à manger chez lui. Mc.2 :13-16

II. Voyons maintenant les méfaits de la rancune.

1. Ésaü n'a jamais pardonné à Jacob l'expropriation de son droit d'ainesse. Les efforts de réconciliation étaient vains. Adroitement, Jacob refusa l'hospitalité de son frère. Ge.33 :12-17
2. Et comme conséquences regrettables, les descendants d'Esaü, qu'ils s'appellent Amalek, Haman l'Agaguite, Hérode … ils perpétuent la même haine contre les fils d'Israël jusqu'à Jésus sur la croix.
Ge.36 :12 ; Ex.17 : 8 ; Esth.3 :1 ; Mt.2 :13 ; Lu.23 :6-12

III. Remarques :

1. Les troubles dans nos familles, dans nos institutions, dans l'Eglise, et dans notre nation viennent surtout des gens rancuniers.
2. Leur vie est troublée et ne peut vous créer que des ennuis.

Conclusion
Cessez de vivre dans la méfiance et pardonnez.

Questions

1. Quels sont les bienfaits du pardon ?
   a. Il libère l'âme et change notre entourage
   b. Il nous procure une paix intérieure et un bon sommeil
   c. Il procure la force d'un jeune lion
2. Comment jauger la popularité de Mathieu ?
   Il était haï de tous.

3. Comment Jésus l'avait-il considéré ?
   Comme un malade qui avait besoin de médecin

4. Comment prouver sa réhabilitation ?
   Il invita Jésus à manger chez lui.

5. Quelle haine était perpétuée entre Esaü et Jacob ?
   Une haine familiale pour une question de droit d'ainesse.
6. Jusqu'où va cette haine ?
   a. Jacob refusa adroitement l'hospitalité de son frère.
   b. Les descendants d'Esaü nourrissent une haine ancestrale contre les enfants de Jacob.

7. Citez trois ennemis des enfants de Jacob
   Amalek, Haman, Hérode

8. Que produit la rancune ?
   a. Elle produit du trouble dans les nations, dans nos institutions, dans nos familles et même dans nos Eglises.
   b. Elle détruit la coopération et le progrès
9. Que peut-on recommander ? Le pardon

Leçon 6 - Les effets du pardon

Textes de base : Es.1 :18 ; Lu.9 : 52-56 ; Jn.21 :15-16 ; Ac. 2 :41 ; 4 :4 ; 8 :14-15 ; 15 :36-39 ; 1Pi.1 :1 ; 1Jn.3 :8
Texte d'appui : Jn.21 : 12-17
Texte d'or : Car le Fils de l'homme est venu, non pour perdre les âmes des hommes, mais pour les sauver. Et ils allèrent dans un autre bourg.Lu.9 :56
Méthodes : Discussion, questions
But : Présenter le pardon comme la base de la coopération pour le succès

Introduction
Très souvent, le malin nous distrait de la voie de Dieu et nous porte à détester le prochain. Jésus vient pour détruire les œuvres du Diable et projeter sa lumière sur notre chemin. 1Jn.3 :8

I. Que nous suggère la haine ?
1. Elle nous porte à traiter en ennemi quiconque nous contredit.
   Voyons Jean : Hier, il voulut exterminer les samaritains pour une affaire de logement. Aujourd'hui, il leur prêche l'Evangile.
   Lu.9 : 52-56 ; Ac. 8 :14-15
2. La haine affaiblit notre capacité d'apprécier et nous permet de voir seulement les défauts du prochain. Finalement on le rejette tout entier. Quelle laideur !

II. Que nous enseigne la Bible ?

1. Elle nous enseigne d'abord, la négociation :
   Venez et plaidons, dit l'Eternel. Es.1 :18
2. Elle nous conseille la réconciliation :
   Le pardon de Jésus a fait de Pierre un défenseur farouche de l'Evangile. En un seul jour, il amena 3000 âmes à Christ. Et le nombre augmentait jusqu'à 5000 en peu de jours. Jn.21 :15-16 Ac.2 :41 ; 4 :4 ; 1Pi.1 :1
   a. Et que dire de Paul ? Barnabas voulut amener son neveu Jean Marc dans une mission de révision. Paul refusa. Ils se brouillèrent et se séparèrent. Ac.15 :36-39
   b. Finalement, Paul demanda à Timothée de lui envoyer Jean-Marc pour le bien du ministère. Cette réconciliation nous vaut aujourd'hui l'Evangile selon Saint Marc ! 2Ti.4 :11

Conclusion

Acceptons les autres avec leurs différences. L'esprit de tolérance nous rendra plus humain et plus aimable.

Questions

1. Dans cette leçon, comment comprendre la ruse du Diable ?
   a. Elle nous distrait de la voie de Dieu et nous porte à détester nos prochains.
   b. Elle paralyse notre capacité d'apprécier et dirige nos regards sur les défauts des autres en vue de minimiser leurs qualités.

2. Donnez-en un exemple
   Jean sauve aujourd'hui les Samaritains qu'il avait voulu détruire hier.

3. Donnez deux prescriptions bibliques à ce sujet.
   La négociation et la réconciliation

4. Quels étaient les effets palpables du pardon de Jésus à Pierre ?
   a. Pierre est converti.
   b. Il gagna plus de 5000 âmes au Seigneur

5. Quel est le meilleur conseil à tirer dans cette leçon ?
   Qu'on soit tolérant pour accepter les autres avec leurs différences.

Leçon 7 - La confession en vue du pardon

Textes de base : Ps.51 :1-21
Texte d'appui : Ps. 51 : 1-6
Texte d'or : Mais tu veux que la vérité soit au fond du cœur : Fais donc pénétrer la sagesse au dedans de moi. Ps.51 :8
Méthodes : Discours, comparaisons, questions
But : Avoir pitié des gens qui prétendent n'avoir jamais commis de faute.

Introduction

Un compliment venu des hommes nous rend fier ; Combien plus quand il vient de Dieu ? « David est un homme selon mon cœur », dit-il ? Pourquoi un tel compliment ?

I. C'est à cause de son intimité avec Dieu :

1. David souffrait dans son âme parce qu'il avait offensé Dieu par un double scandale : son adultère avec Bath-Scheba et le meurtre d'Urie, le mari de cette femme. Il demande pardon à Dieu : « Efface mes transgressions ». Ps.51 :3

2. Il était écrasé par la honte et la tristesse : « Annonce-moi l'allégresse et la joie et les os que tu as brisés se réjouiront ». Ps.51 :10.

II. C'est aussi parce que David était humble

1. Il reconnait sa faute et en porte le blâme sur lui seul.

    Je reconnais **mes** transgressions et **mon** péché est constamment devant **ma** conscience. **J'ai** péché contre toi seul ; **j'ai fait** ce qui est mal à tes yeux. Ps.51 :6

2. Il sait qu'il est né dans le péché ; néanmoins Dieu veut que la vérité et la sagesse prédominent en lui Ps.51 :7
3. Il sait qu'il mérite d'être puni. « Ma faute est telle que tu seras juste dans ta sentence. » Ps.51 :6
4. Il promet de faire restitution en confessant sa faute publiquement pour qu'à l'avenir tous se gardent de commettre la même erreur. Ps.51 :15
5. Il sait qu'aucune compensation matérielle ne pourra réparer son crime. « Tu ne prends point plaisir aux sacrifices, mais plutôt dans un cœur brisé et contrit. » Ps.51 :18-21

Conclusion

Dieu ne pardonne pas les excuses mais les péchés. Alors, confessez-vous.

Questions

1. Dans cette leçon, qu'est-ce-que Dieu admirait en David ? Son amitié, son humilité

2. Comment gère-t-il cette amitié ?
Il a honte d'avoir offensé Dieu, son ami. Il en souffre amèrement.

3. Comment prend-t-il sa faute ?
   a. Il la confesse comme un acte personnel.
   b. Il sait qu'il a mal agi.
   c. Il promet d'en faire restitution.

4. Choisissez le meilleur moyen de dédommager Dieu pour nos fautes :
   _ Lui présenter des sacrifices
   _ Lui présenter des excuses
   _ Nous repentir

5. Puisque David est l'homme selon le cœur de Dieu, pourquoi l'a-t-il puni ?
Parce qu'il ne tolère le péché de personne.

Leçon 8 - Le pardon et la justice de Dieu

Textes de base : 2S. 11 :1-27 ; 13 :8-39 ; 14 :29-32 ; 16 :21-22 ; 18 : 9-17 ; 18 :15 ; Ps. 3 :1-6
Texte d'appui : 2S.12 : 9-12
Texte d'or : Car tu as agi en secret ; et moi, je ferai cela en présence de tout Israël et à la face du soleil. 2S.12 :12
Méthodes : Discours, comparaisons, questions
But : Montrer que la justice de Dieu n'épargne personne

Introduction
Dieu pardonne à David. Il restera toujours un homme selon son cœur, certes. Cependant, il doit subir les conséquences de son double forfait.

I. D'abord dans sa vie personnelle : Il se crée de nombreux ennemis : Ps.3 :1
  1. *Scandale dans sa conscience* :
    a. Son premier ennemi était lui-même. Ses nuits seront désormais hantées par le scandale d'adultère avec Bathsheba et le poids du cadavre d'Urie sur sa conscience.
    b. Il était désarmé par le verdict de l'Eternel dans la bouche du prophète Nathan. 2S. 12 :1-12
    c. L'enfant né de Bathsheba mourut malgré les instances de David devant l'Eternel. 2S.12 :14-15
  2. *Scandale au palais !*
    a. Son fils Amnon commit l'inceste sur sa demi-sœur Tamar, sœur consanguine d'Absalom. 2S.13 :8-19

b. Absalom tua son frère Amnon pour venger sa sœur. David en eut le cœur meurtri. 2S.13 :28-29,36

c. Absalom devait se réfugier pendant trois ans chez des parents du côté maternel, à Gueschur. 2S. 3 :3 ; 13 :37-39

d. Ce même Absalom plus tard, couchera publiquement les femmes de son père. C'était en ce temps-là, un artifice politique pour renverser la royauté de David et accéder au trône. Mais quelle honte quand il est exécuté par votre propre fils ! 2S.16 :21-22

e. Joab son chef d'armée, tua Absalom sans que David ait pu réagir. 2S.18 : 9-17 Pourquoi ?

1) Il avait prêté la main de Joab pour tuer Urie. 2S.11 :16-21

2) A son tour, Joab tua Absalom parce qu'il avait brulé son champ d'orge sans raison valable. 2S. 14 :29-32

Conclusion

David avait péché contre Dieu seul. Il devait souffrir tout seul. Et vous ?

Questions

1. Dites-nous ce qui a rendu David malheureux.
   Il ne pouvait dormir en paix avec les deux scandales sur sa conscience.

2. Qui a dénoncé son forfait ?
   L'Eternel, par la bouche du prophète Nathan

3. Citez quatre malheurs qui frappa le roi
   a. L'inceste d'Amnon avec sa sœur Tamar
   b. Le meurtre d'Amnon par Absalom frère de Tamar
   c. La perversion sexuelle publique d'Absalom avec les femmes de son père
   d. Le meurtre d'Absalom par Joab le chef de l'armée de David

4. Pourquoi avait-il tué Absalom ?
   Pour se venger à cause de son champ qu'Absalom avait brulé.

5. Qu'arriva-t-il à l'enfant né de David et de Bathsheba ? Il mourut

Leçon 9 - Le pardon et la miséricorde de Dieu

Textes de base : 2S. 11 :3 ; 23 :34 ; 15 ;7-31 ; 16 : 5-13 ; 17 :23 ; Ps.118 : 7-18
Texte d'appui : Ps.118 :7-18
Texte d'or : Celui qui cache ses transgressions ne prospère point, Mais celui qui les avoue et les délaisse obtient miséricorde. Pr.28 :13
Méthodes : Discours, comparaisons, questions
But : Montrer comment le Dieu de justice exerce aussi sa miséricorde.

Introduction
Dieu n'en a pas fini avec David. Il a purgé sa conscience, il va maintenant purger le royaume.

I. Quelle était la situation au palais ?
1. *Les hommes du palais sont des gens de famille :*
   a. Achitophel est père d'Eliam et grand-père de Bathsheba. 2S.11 :3 ; 23 :34
   b. Il était le conseiller politique du roi David. 2S.15 : 12
   c. Il devait rêver grand pour Urie, son beau-fils.
   d. Ces deux scandales ont anéanti tous ses plans.
2. *Les hommes du palais sont bien sûr, des hommes politiques*
   a. Déçu, Achitophel va supporter fortement la campagne d'Absalom contre David. 2S.15 :7-12
   b. Dès lors, il va jouer de son influence pour tourner le cœur du peuple vers Absalom. 2S. 15 :31
   c. Pour le moment, David est roi sans royaume. 2S. 15 : 14-17

    d. Il se croit indigne de recevoir l'arche de Dieu pour le protéger. 2S.15 : 24-26

    e. Nu-pieds, les yeux remplis de larmes, il gravit la colline des Oliviers. 2S.15 :30

    f. C'est de là qu'il apprit la trahison d'Achitophel. 2S.15 : 31

    g. Aussitôt, il envoya ce télégramme à Dieu "Réduis à néant les conseils d'Achitophel » 2S.15 :31

II. Quelle était la situation dans le peuple ?

    1. Schimeï, parent de Saul et partisan de l'ancien régime, insulta ouvertement David. 2S.16 : 5-13

    2. La réaction du roi était pacifique car il avait perdu sa popularité. 2S.16 :11-12

III. Quelle était la réaction de l'Eternel ?

Dans sa miséricorde, il restaura David :

Absalom fut tué et Achitophel se suicida.

2S.17 :23 ; 18 :14

Conclusion

L'Eternel m'a châtié, mais il ne m'a pas livré à la mort

Que ce soit aussi votre cri.

Questions

1. Qui était Achitophel ?
   Il était grand père de Bathsheba, beau-père d'Urie
   et conseiller du roi David

2. Politiquement que pourrait être son rêve ?
   a. Une promotion pour Urie dans l'armée
   b. La régence du royaume d'Absalom à la mort
      de David

3. Que fit David à l'annonce de cette trahison ?
   Il demanda à Dieu d'anéantir les projets
   d'Achitophel.

4. Quelle était la situation dans le peuple ?
   Il réagissait par une manifestation contre David

5. Quelle était la réaction de l'Eternel ?
   Achitophel s'étrangla et Absalom fut tué.

Leçon 10 - La grandeur du pardon

Textes de base : Mt.26 : 74 ; Jn.13 :34-35 ; 21 :12-17 ; Ac.1 :8 ;2 :41
Texte d'appui : Jn.13 :33-35
Texte d'or : A ceci tous connaîtront que vous êtes mes disciples, si vous avez de l'amour les uns pour les autres. Jn.13 :35
Méthodes : Discours, comparaisons, questions
But : Présenter l'exemple du vrai amour en Jésus

Introduction
Pour mesurer le pardon, il faut un thermomètre. Ce thermomètre c'est l'amour de Jésus.

I.   Comment devons-nous l'utiliser ?
Comme un moyen pour mesurer le degré d'amour que nous professons envers nos frères. Aimez-vous comme moi je vous aime. Jn.13 :34-35

II. Quel exemple Jésus nous donne-t-il de son utilisation ?
Pierre l'a renié, l'a vexé même avec des imprécations. Mt.26 :74

Il le sait, mais Il ne retourne pas sur la question. C'était pour enlever à Pierre l'occasion de se justifier ou de mentir. Au contraire, il l'invita à manger. Jn.21 :12

a. Au moment du dessert, Jésus lui dit « Pierre, m'aimes-tu » ? Jn.21 :15

b. Quelle que soit la réponse du coupable, Jésus ne voit en lui que le futur pêcheur d'hommes. « Pais mes agneaux, pais mes brebis ». Jn.21 : 15-17

1. Celui qui avait la lâcheté de le renier peut se racheter en défendant sa cause. Il lui faudra seulement le don du Saint-Esprit. Ac.1 :8
2. Il voit la pêche miraculeuse de 3000 âmes par un coup de filet de Pierre. Ac.2 :41

III. Que nous enseigne ici le Seigneur ?

1. Evoquer les fautes d'autrui c'est nourrir la méfiance et détruire les possibilités de futures relations. Pr.17 :9
2. Dans le mariage par exemple, la chaleur de l'amour va baisser.
   a. Les relations deviendront tendues, mécaniques et politiques.
   b. L'homme restera au foyer par devoir, pour ne pas déranger la société.
   c. La femme y restera par besoin d'élever ses enfants, si elle en a.
   d. La joie aura disparu. Le mariage est s'agonise. Le divorce suit. Satan est champion.

Conclusion
Seuls les grands pardonnent. Soyez grands

Questions

1. Comment devons-nous aimer notre frère ?
   Comme Christ nous a aimés

2. Pourquoi Jésus n'a-t-il pas rappelé ses fautes à
   Pierre ?
   a. Parce qu'il cherche la réconciliation
   b. Parce que la rancune n'est pas productive
   c. Parce qu'il se rappelle sa promesse de faire de
      lui « pêcheur d'hommes »

3. Qu'est-ce qui manquait à Pierre au moment de sa
   chute ? Le Saint-Esprit

4. Qu'est-ce-qui détruit bien des mariages ?
   La rancune

5. A qui profite-t-elle ? A Satan

6. Que peut-on conseiller pour éviter ce chaos ?
   Le pardon

Leçon 11 - La dynamique du pardon

Textes de base : Ps.118 :13 ; Es. 1 ;20 ; Mt.5 :11-12 ;
Lu.6 :30-35 ; Ro.12 :17-20 ; Ep.3 :20
Texte d'appui : Ro.12 :17-21
Texte d'or : Ne rendez à personne le mal pour le mal.
Recherchez ce qui est bien devant tous les hommes.
Ro.12 :17
Méthodes : Discours, comparaisons, questions
But : montrer que le pardon vient de Dieu

Introduction
Comment l'homme peut-il se réconcilier avec son
ennemi sans une force verticale pour le mouvoir ? C'est
là que Dieu, une fois de plus, prouve son expertise.
Comment ?

I. Par la puissance agissante de l'Esprit saint.
Nous arrivons à faire au-delà de notre capacité par
sa puissance qui agit en nous. Ep.3 :20
1. Nous surmontons le mal par le bien que nous
   exerçons envers nos ennemis. Nous lui trouvons
   du travail, du logement, bref, une opportunité
   pour survivre.
2. S'il est nu, exposé aux critiques malveillantes, nous
   l'habillons, c'est-à-dire nous encourageons les
   autres à le voir par ses bons côtés. C'est la
   meilleure façon de se venger. Ro.12 : 19
3. A ce point, l'ennemi qui attendait un châtiment
   aura la tête chaude de calculs. Ro.12 :20

II. Par les moyens que Dieu met à notre disposition.

1. *Il va nous bénir.* Si notre ennemi est insolvable par incapacité ou par mauvaise foi, Dieu alors va nous rembourser intérêt et capital. Lu.6 :30-35

2. *Il va nous enrichir.* Les mauvaises paroles, la médisance et la calomnie contre nous sont des dettes que l'ennemi ne pourra jamais payer. A ce moment, Jésus nous dit de nous réjouir car notre dividende sera grand dans les cieux. Mt. 5 :11-12

3. *Il va nous élever en dignité.* Il nous fera manger les meilleures productions du pays. Es. 1 :20

4. Retenez que si vous n'avez pas d'ennemis, vous manquez de gens pour vous pousser, car Dieu utilise toujours leurs attaques contre vous pour accélérer l'arrivée de vos bénédictions. Ps.118 :13

Conclusion

Le Saint Esprit seul peut nous amener à ce degré. Faisons-lui donc la place.

Questions

1. Quelle est l'énergie du pardon ?
    Le Saint-Esprit qui agit en nous

2. Comment se manifeste-t-il ?
    Nous faisons du bien à notre ennemi

3. Au fait, qu'attend-t-il de nous ?
    La vengeance, les représailles.

4. Que veut dire Paul par « charbon ardent sur la tête de l'ennemi ? » Il va passer du temps à réfléchir

5. Qu'est-ce-que Dieu fait quand l'ennemi nous pousse ?
    Il intervient pour nous faire atteindre notre but au plus vite.

6. Comment Dieu réagit-il quand nous leur pardonnons ?
    a. Il nous bénit
    b. Il nous donne au-delà de nos demandes et de nos espérances
    c. Il nous élève en dignité.
    d. Il nous donne les choses les meilleures

Leçon 12 - Les bénéfices éternels du pardon

Textes de base : No.20 :10-12 ; De. 3 :23-29 ; Mt.2 :13-15 ; 26 :24-25 ; Lu.23 :34 ; Jn.3 :16 ; Ac. 5 :41 ; 9 :15 ; Ro.1 :16 ; 2Co.11 :23-33 ; 12 :9 ; 1Ti.2 :3-4 ; He. 12 :16-17
Texte d'appui : Ro.1 :14-17
Texte d'or : Car la grâce de Dieu, source de salut pour tous les hommes, a été manifestée. Tit. 2 :11
Méthodes : Discours, comparaisons, questions
But : Montrer que le pardon est la marque de fabrique de Dieu et du vrai chrétien

Introduction
Dieu nous pardonne et nous rachète à un grand prix pour ne rien liquider à Satan. Aussi, dans son plan de rédemption, voit-il tous les hommes. 1Ti.2 :3-4

I.   **Voyons-les par catégories**
   1. Il étend le pardon aux païens. Jn.3 :16
   2. Il l'étend aux juifs. Ro.1 :16
   3. Il l'étend aux Egyptiens qui ont maltraité Israël, son peuple pendant 430 ans. Aux dires des égyptologues, Il demeura chez eux pendant trois ans sept mois et vingt et un jour. Plus d'ennemi ! Mt. 2 : 13-15
   4. Sur la croix, il proclame une amnistie générale. Lu.23 :34

II. **Voyons-les par individus**
   1. Jésus lava les pieds de Judas au moment où les trente pièces d'argent se frottaient dans sa poche. Jésus dénonce sa trahison et annonce son inévitable châtiment.

Malgré tout, Judas eut l'audace de dire « Est-ce moi ? Mt.26 : 24-25

Quel cynisme ? Judas se suicida par remords. Pierre au contraire, s'est racheté en se réjouissant des outrages subis au nom de Jésus-Christ. Ac.5 :41

2. Paul souffrit les conséquences de son intransigeance et de sa bigoterie contre les chrétiens. Plus tard, il fut ravi jusqu'au troisième ciel. Ac.9 :15 ; 2Co.11 :23-33

3. Cependant, L'Eternel n'a jamais pardonné à Esaü son mépris du droit d'ainesse.
He. 12 : 16-17

Il n'a jamais pardonné à Moise son impertinence aux eaux de Meriba. Il visitera Canaan en compagnie d'Elie mais pas comme leader d'Israël.
No.20 : 10-12 ; De. 3 : 23-29 ; Mt.17 :1-3

Hormis Judas, le fils de la perdition, ces gens cités plus haut ne perdront pas le ciel pour autant. Jésus leur dira comme à Paul : « Ma grâce te suffit ». 2Co.12 :9

Conclusion

Le pardon nous rend bon, humain et grand. Soyons bons, grands et humains.

Questions

1. Pourquoi Dieu tient-il à nous pardonner tous ?
   Parce qu'il ne veut pas laisser une porte ouverte
   à Satan.

2. Expliquez :
   Il étend son pardon aux juifs, aux païens, à tous
   les hommes.

3. Prouvez qu'il pardonne à tout le monde
   a. Jésus pardonne à Judas, le traitre
   b. Il pardonne à Paul et l'emploie ensuite
      comme son instrument

4. Que dire de Moise pour sa désobéissance ? Il
   n'a pu conduire le peuple à Canaan mais il ne
   perd pas le ciel pour autant.

5. Que dire d'Esaü ?
   Il a perdu le droit d'ainesse mais cette punition
   n'affecte pas son salut pour autant.

6. Que dire de Judas ?
   Il a choisi le remords au lieu de la repentance.
   Il s'est suicidé. Il est perdu.

7. Que dire de Pierre ?
   Il a fait pire que Judas mais il s'est repenti.

Récapitulation des versets

1. Ne vous vengez point vous-mêmes, bien-aimés, mais laissez agir la colère ; car il est écrit : A moi la vengeance, à moi la rétribution, dit le Seigneur. Ro.12 :19

2. Si ton frère a péché, vas, reprends-le entre toi et lui seul. S'il t'écoute, tu as gagné ton frère. Mt.18 :15

3. Si donc tu présentes ton offrande à l'autel, et que là tu te souviennes que ton frère a quelque chose contre toi, laisse là ton offrande devant l'autel, et va d'abord te réconcilier avec ton frère ; puis, viens présenter ton offrande. Mt.5 :23

4. Car c'est par la grâce que vous êtes sauvés, par le moyen de la foi. Et cela ne vient pas de vous, c'est le don de Dieu. Ep.2 :8

5. Ce que Jésus ayant entendu, il leur dit: Ce ne sont pas ceux qui se portent bien qui ont besoin de médecin, mais les malades. Je ne suis pas venu appeler des justes, mais des pécheurs. Mc.2 : 17

6. : Car le Fils de l'homme est venu, non pour perdre les âmes des hommes, mais pour les sauver. Et ils allèrent dans un autre bourg.Lu.9 :56

7. Mais tu veux que la vérité soit au fond du cœur : Fais donc pénétrer la sagesse au dedans de moi ! Ps.51 :6

8. Car tu as agi en secret ; et moi, je ferai cela en présence de tout Israël et à la face du soleil. 2S.12 :12

9. Celui qui cache ses transgressions ne prospère point, Mais celui qui les avoue et les délaisse obtient miséricorde. Pr.28 :13

10. A ceci tous connaîtront que vous êtes mes disciples, si vous avez de l'amour les uns pour les autres. Jn.13 :35

11. Ne rendez à personne le mal pour le mal. Recherchez ce qui est bien devant tous les hommes. Ro.12 :17

12. Car la grâce de Dieu, source de salut pour tous les hommes, a été manifestée. Tit. 2 :11

Feuille d'évaluation

1. Quelle partie de ces 12 leçons vous a le plus touché?

   a. Pour vous-même ?

   _____

   b. Pour votre famille?

   _____

   c. Pour votre Eglise?

   _____

   d. Pour votre pays?

   _____

   e. Quelle est votre décision immédiatement après la classe?

   _____

2. Quelles sont vos suggestions pour l'Ecole du Dimanche :

   a._____

   b._____

   c._____

3. Questions purement personnelles :

    1) Quelle est ma contribution pour le développement de cette Eglise?_____

    2) Quel effort ai-je fait jusqu'ici pour améliorer sa condition?

        _____

    3) Si Jésus vient maintenant, sera-t-il fier de mes œuvres ? _____

TORCHE MIROBOLANTE

17- SERIE 2

Le Chrétien Vigilant

Révérend Renaut Pierre-Louis

Avant-propos

On parle toujours de réunions de prière, de réunions de jeûne et de prière, de Réveil de quarante jours, mais à ma connaissance, pas de réunion de vigilance. Dans l'esprit de Jésus-Christ, cette option doit précéder la prière. « Veillez d'abord et priez ensuite » afin que vous ne tombiez pas dans la tentation. L'Esprit est bien disposé, mais la chair est faible. Si vous vous penchez, redressez-vous et si vous êtes déjà tombé, tendez la main au Seigneur. Il ne tardera pas à vous relever. Je vous invite à entrer avec moi dans cette série avec les yeux ouverts en vous appuyant sur Christ pour rester éveillés avant de prier.

Pasteur Renaut Pierre-Louis

Leçon 1 - Veillez sur votre langage

Textes de base : Ge.1 :1 ; Le.5 :4-6 ; Ps.141 : 1-3 ;
Pr.10 :19 ; Mt.12 :36 ; Lu.7 :7 ; Jn.1 :1 ; Ja.3 :1-10 ; 5 :1-
14 ; Ro.8 :26 ; Ep.5 :4 ; Ap.5 :8
Texte d'appui : Ps.141 : 1-3
Texte d'or : Eternel, mets une garde à ma bouche,
veille sur la porte de mes lèvres. Ps.141 :3
Méthodes : Discours, comparaisons, questions
But : Exhorter les chrétiens à être très prudent dans
l'usage de la parole.

Introduction
Veille sur la porte de mes lèvres, crie le psalmiste.
Ps.141 :3 Pourquoi invite-t-il Dieu à contrôler ses
paroles ?

I. C'est à cause de leur pouvoir absolu dans un sens positif

1. Elles peuvent construire, épanouir et maintenir.
   Tout ce qui existe l'est par une parole.
   Ge.1 :1 ; Jn.1 :1
2. Elles peuvent révéler l'attitude du cœur. Avec des
   paroles on chante, on prie, on édifie. Ja.5 :14
3. Elles peuvent changer la face des situations. Avec
   un mot le juge vous condamne, l'avocat vous
   libère, Jésus vous guérit. Lu.7 :7
4. Tous nos livres sont une suite de paroles pour
   exprimer nos pensées en vue d'une action.
   a. Dans l'Ancien Testament, il fallait payer pour
      une parole dite à la légère. Le. 5 :4-6
   b. Toutes nos vieilles paroles sont enregistrées et
      témoigneront contre nous devant le tribunal
      de Christ au jour du jugement. Mt 12 :36

5. Nos prières sont des paroles que Dieu conserve dans des coupes d'or. Ap.5 :8
6. Nos paroles peuvent s'exprimer de plusieurs manières :
   a. Elles peuvent être verbales ou écrites.
   b. Elles peuvent être exprimées par des soupirs, par des signes et des gémissements. Ro.8 :26

II. C'est à cause de leur pouvoir absolu dans un sens négatif

1. Celui qui parle beaucoup ne manque pas de pécher. Pr.10 :19
2. Une seule parole peut gâcher un mariage, détruire une vie, fermer une entreprise et même occasionner une guerre mondiale. Ja.3 : 5-6
3. On doit éviter les paroles déshonnêtes, les propos insensés, les plaisanteries qui sont contraires à la bienséance. Ep.5 :4

Conclusion

Songez qu'à la porte du ciel, Dieu va vous accueillir avec une parole. Gare aux surprises !

Questions

1. Pourquoi le psalmiste demande -il à Dieu de contrôler ses paroles ?
   C'est à cause de leur pouvoir absolu dans un sens négatif ou positif.

2. Que peut faire la parole dans un sens positif ?
   a. Elle peut construire, épanouir et maintenir.
   b. Elle peut révéler l'attitude du cœur.
   c. Elle peut changer la face des situations.

3. Que peut faire la parole dans un sens négatif ?
   a. Elle peut faire pécher et nous envoyer en enfer.
   b. Elle peut détruire.

4. Comment une parole dite à la légère était-elle considérée dans l'Ancient Testament ?
   On devait pour cela payer une amende.

5. Où vont nos paroles vaines ?
   Elles vont tenir contre nous au jour du jugement dernier.

6. Où Dieu conserve-t-il nos prières ?
   Dans des coupes d'or dans le ciel.

Leçon 2 - Veillez sur vos relations

Textes de base : Ne.2 :18 ; Ps.1 :1-6 ; 33 :13 ; 122 :1 ;
Pr.1 :10-16 ; Jn.6 :60, 66 ; 1Co.5 :5-13 ; 15 :33
2Co.11 :26 ; Ep.5 :19-20 ; 2Ti. 2 :22 ; 3 : 5-7 ; 4 :3-4 ;
He.12 :29 ;
Texte d'appui : 1Co.5 :5-13
Texte d'or : Ne vous y trompez pas : les mauvaises
compagnies corrompent les bonnes mœurs.
1Co.15 :33
Méthodes : Discours, comparaisons, questions
But : Aider les chrétiens à rejeter toute relation nuisible
à leur conscience.

Introduction
Dis-moi qui tu fréquentes, je te dirai qui tu es. Cette
vérité éternelle résume le psaume premier.
Comment donc s'y prendre ?

I. D'abord il y a des gens qu'il faut éviter. Ps.1 :1
Avec eux, vous allez progresser dans le mal et
détruire votre avenir.
1. Ils vous donneront de mauvais conseils.
Pr.1 :10-16
2. Ils vous mèneront à la perdition. Mt. 7 :13
3. Ils se moqueront de vous après. Ps.1 :1

II. Ensuite des gens d'Eglise qu'il faut éviter.
1Co.5 :5-13
Ce sont les faux-frères. Ils constituent un danger
mortel pour votre vie spirituelle. On les
reconnaitra par leur langage, leur attitude et leurs
actions.

1. Refusez gentiment de manger avec eux, nous dit Paul. 1Co.5 : 11-13 ; 2Co.11 :26
2. Ne touchez même pas à leurs habits, nous dit Jude. Jude 23
   a. Ils vous diront peut-être : « Nous ne sommes pas des pasteurs ni Jésus-Christ non plus. Dieu est miséricordieux. Nous aurons le temps de nous repentir ». He.12 :29
   b. Il n'y a pas que votre Eglise. On parle de Dieu partout. Ps.33 :13
3. Ces gens-là papillonnent d'Eglise en Eglise et ne sont jamais convertis. 2Ti.3 :5-7
   a. Ils ont la démangeaison d'entendre des paroles agréables. 2Ti.4 :3-4
   b. Ils trouvent toujours trop durs les messages capables de les changer. Jn.6 : 60, 66

III. Des gens à rechercher :
   1. Ceux-là qui invoquent le Seigneur d'un cœur pur. 2Ti.2 :22
   2. Les chrétiens zélés pour le jeûne et la prière. Ep.5 :19-20
   3. Ceux qui vous diront :
      a. « Allons à la maison de l'Eternel » Ps.122 :1
      b. « Levons-nous et bâtissons » Né.2 :18

Conclusion
Vous êtes responsable de votre choix. Ainsi, veillez sur vos relations.

Questions

1. Comment peut-on veiller sur ses relations ?
   a. En s'éloignant de certaines gens, même s'ils sont des religieux
   b. En recherchant la compagnie des serviteurs de Dieu.

2. Pourquoi doit-on s'écarter des moqueurs et des méchants ?
   Leurs mauvais conseils ou leurs mauvais exemples peuvent vous entrainer à la perdition.

3. Tous les gens d'Eglise ne sont-ils pas des frères ?
   Oui, mais il y a aussi des faux-frères.

4. Comment les reconnaitre ?
   Par leur langage, leur attitude et leurs actions.

5. Qui doit-on rechercher alors ?
   a. Ceux qui invoquent le Seigneur d'un cœur pur.
   b. Ceux qui ont soif de Dieu dans la prière et le jeûne.

Leçon 3 - Veillez sur votre horaire

Textes de base : Ge.1 :2 ; No.6 :25-27 ; Ps. 1 :1-3 ;
104 :19-23 ; Mal.3 :16 ; Mt.6 :9 ; 18 :20 ; Jn.4 :24 ; 9 :4 ;
19 :30 ; Ac.7 :59 ; 1Co.6 : 19-20 ; Ep.5 :16
Texte d'appui : Ep.5 :10-17
Texte d'or : Rachetez le temps, car les jours sont
mauvais. Ep.5 :16
Méthodes : Discours, comparaisons, questions
But : Rappeler aux chrétiens d'employer leur temps
avec sagesse.

Introduction
Savez-vous que, depuis l'éternité passée, Dieu a
programmé pour l'homme des jours de vingt-quatre
heures ?

I. Les trois séquences du jour comprennent :
1. Huit heures pour travailler et satisfaire l'âme.
2. Huit heures pour dormir et satisfaire le corps.
3. Huit heures de contact particulier avec Dieu
   pour satisfaire l'esprit.
   Toute indiscipline dans ce domaine lui coutera
   cher.

II. Voyons dans les détails
1. L'homme doit travailler **le jour** pour gagner
   son pain. Ps.104 : 22-23
2. Il doit dormir **le soir** pour « calibrer » le corps
   et l'esprit, les propriétés de Dieu.
   1Co.6 : 20
   a. Le manque de sommeil vous rend irrité,
      violent, décontrôlé.

b. La nuit est plutôt l'heure des bêtes sauvages, des bandits, des malfaiteurs, des criminels et des voleurs. Sortir la nuit est une imprudence. Ps.104 : 19-22

c. Jésus nous ordonne de travailler **seulement** pendant le jour. Jn.9 : 4b
Autrement nous abimons notre santé et diminuons le cours de notre vie.

3. Etant un être essentiellement spirituel, l'homme doit trouver du temps pour louer Dieu.

a. Il fonctionne à partir de l'Esprit de son Père qui est aux cieux. No. 6 :25-27 ; Mt. 6 :9

b. A sa mort physique, sa valeur spirituelle reste immortelle et retourne au Père. Jn. 19 : 30 ; Ac. 7 : 59

b. L'Esprit contrôle tout. On adore Dieu en Esprit. Ge. 1 : 2 ; Jn.4 : 24

c. On doit avoir du temps pour méditer, prier, louer et servir Dieu. Ps.1 :1-3

d. Dieu aime participer à nos conversations. Mal. 3 : 16 ; Mt.18 :20

Conclusion

Puisqu'il va nous demander compte de notre temps, veillons et rachetons le temps. Ep.5 :16

Questions

1. Comment Dieu a-t-il programmé nos jours ?
   En trois séquences de huit heures chacune

2. Pourquoi ces trois séquences de huit heures ?
   a. Huit heures pour travailler et satisfaire l'âme.
   b. Huit heures pour dormir et satisfaire le corps.
   c. Huit heures de contact particulier avec Dieu pour satisfaire l'esprit.

3. Quelles sont les conséquences de toute dérogation à ce principe ?
   a. Notre relation avec Dieu et nos semblables est dérangée.
   b. Notre santé est affectée.
   c. La durée de notre vie est abrégée.

4. Pourquoi Jésus nous recommande-t-il de travailler durant le jour ?
   a. Pour réparer et « calibrer » notre corps et notre esprit.
   b. La nuit est faite pour les bêtes sauvages et non pour vous.

5. Pourquoi l'homme doit-il prier ?
   a. L'homme est essentiellement spirituel. Il ne peut se passer de rendez-vous avec Dieu.
   b. Dieu ne veut pas du tout rester loin de nous.
   c. L'Esprit saint doit exercer son contrôle sur nous.
   d. Le corps et l'esprit sont la propriété de Dieu.
   e. Nous sommes locataires du corps, pas des propriétaires.

Leçon 4 - Veillez sur votre tenue physique

Textes de base : Ex.28 : 2 ; 1S.16 :7 ; Est.4 : 1-2, 4 ;
5 : 1-3 ; Lu.15 :22 ; Ro.13 :14 ; 1Pi.3 :3-4
Texte d'appui : 1Pi.3 : 1-8
Texte d'or : Ayez, non cette parure extérieure qui
consiste dans les cheveux tressés, les ornements d'or,
ou les habits qu'on revêt, mais la parure intérieure et
cachée dans le cœur. 1Pi.3 :3-4a
Méthodes : Discours, comparaisons, questions
But : Veuillez à ce que le message que votre tenue
communique rende gloire à Dieu.

Introduction
L'habit ne fait pas le moine, mais il le distingue. D'où-
vient-il que certaines entreprises prescrivent un
uniforme ?

I. Votre tenue communique un message
Elle vous identifie et autorise les gens à vous
adresser d'après votre tenue. 1S.16 :7
1. La tenue modeste vous rapproche des religieux.
2. La toge vous rapproche des ouvriers de la
   basoche.
3. La tenue décolletée, dévergondée vous attire des
   prostituées, et des prédateurs.
4. La salopette vous rapproche des gens de métiers.
5. Certaines tenues inspirent le respect et la dignité.
   Ex.28 : 2
   D'autres inspirent le mépris ou la honte et vous
   font discréditer.
   a. Mardochée s'accoutrait d'un sac pour se
      rendre au palais du roi Assuérus. Cette tenue

grotesque n'était pas appropriée pour sa visite. Est.4 :1-2, 4

b. Esther au contraire, portait bien sûr, une tenue rayonnante capable de séduire le roi. C'était pour le salut de sa nation. Est.5 : 1-3

II. La tenue convenable selon la Bible

1. La tenue modeste sans rien d'artificiel. 1Pi.3 : 3

    a. **Négativement**. La parure extérieure qui consiste en des tresses, des perruques et des colliers ne conviennent pas car elle vous porte à vous flatter vous-même. Elle peut vous attirer les compliments des gens charnels mais ne pourra amener une âme à Christ.

    b. **Positivement**. La parure intérieure et cachée dans le cœur qui consiste en amour, en bonté, en patience, en simplicité, en douceur et en une vie de prière est recommandable en tout point. 1Pi.3 :4
    Ces vertus peuvent faire vivre et attirer plusieurs à la repentance.

Conclusion

Jésus nous habille du manteau de sa justice. Veillons sur notre tenue. Lu. 15 : 22 ; Ro. 13 :14

Questions

1. Quel message la tenue physique nous communique-t-elle ?
   Elle reflète notre personnalité et notre affiliation.

2. Peut-on reprocher à Mardochée sa tenue de sac pour aller au palais ?
   Oui. Il la portait dans une circonstance inappropriée.

3. Quelle est la tenue recommandée par la bible ?
   Une tenue décente et modeste

4. En général, que rapporte la parure extérieure ?
   L'amour de soi et les compliments flatteurs.

5. En général, que révèle la tenue intérieure ?
   L'amour, la bonté, la patience la simplicité et la douceur.

6. De quoi Jésus nous habille-t-il ?
   Du manteau de sa justice.

Leçon 5 - Veillez sur votre persévérance

Textes de base : Ge.5 :22 ; Mt. 20 :28 ; 24 :13 ; 28 :20 ; Lu.5 :10 ; 17 :10 ; Jn. 8 :12 ; 12 :26 ; 14 :3-6 ; Ro.5 :1-11 ; 15 :5-6 ; Ga. 2 :20 ; Ph.4 :6 ; He. 10 : 35-36 ; 12 :2

Texte d'appui : He.10 :32-39

Texte d'or : Nous, nous ne sommes pas de ceux qui se retirent pour se perdre, mais de ceux qui ont la foi pour sauver leur âme. He.10 :39

Méthodes : Discours, comparaisons, questions

But : Définir la vraie persévérance.

Introduction

Quand Jésus nous appelle à le suivre chaque jour, il nous demande d'aller jusqu'au bout pour être sauvé. Mt.24 : 13   De là à définir la persévérance.

I. Qu'est-ce-que la persévérance ?

1. Ce n'est pas l'assiduité aux services de l'Eglise. Satan assiste à tous nos cultes, mais il n'est pas sauvé pour autant.
2. La persévérance c'est marcher avec Dieu sans interruption. Ge. 5 : 22
3. C'est marcher sur les traces de Jésus seul. Jn.12 : 26 ; 14 :3

    Le chrétien hospitalisé ou souffrant à domicile peut persévérer dans sa relation avec Jésus.

II. Quelle est la source de la persévérance ?

Jésus seul. Il a dit :

1. Suivez-moi et je vous ferai…Lu. 5 : 10b
2. Suivez-moi et vous aurez en vous la lumière de la vie. Jn.8 :12
3. Suivez-moi et je vous amènerai au Père. Jn.14 :6

III. Comment la maintenir ?

1. On doit avoir les regards sur Christ seul. He.12 :2
2. On doit lui donner toute la place dans sa vie, dans sa famille et dans ses affaires. Ga.2 :20
3. On doit se rappeler qu'on est sauvé pour servir et non pour être servi. Mt.20 :28 ; Lu.17 :10
4. On doit se glorifier dans les afflictions car la victoire est au bout. Ro. 5 :3 ; 15 :5-6

IV. Quel en est le profit ?

1. La présence constante du Seigneur garantit notre persévérance. Mt.28 :20
2. Sa réponse à nos prières affermit notre foi. Ph.4 : 6
3. Sa gloire qu'il partagera avec nous dans le royaume à venir soutient notre persévérance. He.10 : 35-36

Conclusion

Soyons fidèles jusqu'à la mort. La couronne de vie nous attend.

Questions

1. Comment définir la persévérance ?
   a. C'est la marche sans interruption avec Dieu.
   b. C'est marcher sur les traces de Jésus seul.

2. Quelle est la source de notre persévérance ?
   Jésus seul

3. Comment maintenir la persévérance ?
   a. On doit regarder à Jésus seul.
   b. On doit lui donner toute la place dans sa vie,
      dans sa famille et dans ses affaires.
   c. On doit servir Dieu en tout temps.
   d. On doit prendre la souffrance comme une
      école de formation et non comme un désastre.

4. Quel en est le profit ?
   a. La foi augmente.
   b. Dieu est toujours avec nous.
   c. La couronne de vie nous attend.

Leçon 6 - Veillez sur vos loisirs

Textes de base : Ps. 1 :1-3 ; 8 :1-8 ; 16 :11 ; 19 :1-3 ;
150 :1-6 ; Pr.17 :22 ; Mt.22 :1-14 ; Mc.2 :15 ; 6 :31 ;
Lu.10 :40-42 ; 14 :15-34 ; Jn.2 :2 ; Ap.21 :1-8
Texte d'appui : Mc.6 :30-31
Texte d'or : Jésus leur dit : Venez à l'écart dans un lieu
désert, et reposez-vous un peu. Car il y avait beaucoup
d'allants et de venants, et ils n'avaient même pas le
temps de manger. Mc.6 :31
Méthodes : Discours, comparaisons, questions
But : Encourager de saints divertissements parmi les
chrétiens.

Introduction
Certaines gens dédaignent l'Evangile sous prétexte
qu'on s'ennuie. C'est faux. Allons à la Bible.

I. Jésus est partisan de la détente.
1. Après une mission copieuse, il invita les disciples
   à se reposer un peu. Mc. 6 :31
2. Les vacances font partie du ministère pour notre
   bien-être physique et spirituel.
3. Il participe avec eux aux noces, aux piqueniques,
   aux diners. Mc.2 :15 ; Jn.2 : 2 ; Lu.10 :41
4. Il donne des paraboles sur des noces en attendant
   les noces de l'agneau. Mt.22 :1-14 ; Lu.14 : 15-
   24 ; Ap.21 :1-8
   a. Les psalmistes chantent la nature en glorifiant
      Dieu. Ps. 8 : 1-8 ; Ps.19 :1-3
   b. Tout ce qui respire doit louer l'Eternel.
      Ps. 150 :6
   c. Il y a d'abondante joie devant la face de Dieu.
      Ps.16 :11

II. Il y a loisir et loisir

1. Il peut être sain ou malsain ou tendancieux. Dis-moi quel est votre Channel de Télévision préféré, votre programme à la radio ou en U-tube, votre revue préférée, et je vous dirai qui vous êtes. Ps.1 :1-3

III. L'influence des loisirs

1. Les sains divertissements dilatent le cœur et constituent une thérapie mentale. Un cœur joyeux dit la Bible, est un bon remède. Pr.17 :22

2. Les divertissements malsains sont au service du malin pour influencer votre comportement.

3. Pour peu qu'il soit sain, le loisir doit avoir ses bornes car l'excès en tout nuit.

4. Vous devez veiller sur vos loisirs pour ne pas empiéter sur vos heures de travail ou de sommeil. L'humeur peut être affectée et la cohabitation peut en souffrir.

Conclusion

Que votre conscience ne soit pas souillée dans votre loisir. Veillez

Questions

1. Montrez que Jésus aimait les loisirs.
    a. Il ne manquait à aucune des fêtes religieuses à Jérusalem
    b. Il participait aux noces, aux piqueniques et aux invitations à diner.
    c. Il donne des paraboles sur les noces.
    d. Au ciel auront lieu les noces de l'agneau.

2. Comment doit-on choisir ses loisirs ?
    En évitant des programmes malsains

3. Quels sont les vertus des loisirs ?
    a. Ils constituent une thérapie mentale.
    b. Un cœur joyeux est un bon remède.

4. En quelle proportion doit-on en jouir ?
    Il faut éviter les excès.
    Il faut que la conscience n'y soit pas souillée.

Leçon 7 - Veillez sur votre budget

Textes de base : Ge.1 :26 ; 2 :15 ; Ps.41 :2 ; Pr.28 :27 ; Ha.2 :6-7 ; Mal.3 : 8-10 ; Lu.12 :13-21 ; Jn.6 :12 ; 1Co.3 :6-8
Texte d'appui : Lu.12 :13-21
Texte d'or : Malheur à celui qui accumule ce qui n'est pas à lui ! Jusques à quand ?... Malheur à celui qui augmente le fardeau de ses dettes ! Hab.2 :6b
Méthodes : Discours, comparaisons, questions
But : Rechercher la priorité dans les dépenses

Introduction
La science comptable a pris naissance depuis le jour où Dieu a remis à son fils Adam la gérance de la planète.

I. En quoi consistait son devoir ?
1. Il devait contrôler, exploiter et maintenir la terre en de bonne condition de fonctionnement et de rendement. Ge.1 :26 ; 2 :15
2. Il devait la gérer dans les limites de sa capacité. Etant fils de Dieu, le ciel est sa limite. Ge.2 :15
3. Il doit savoir qu'un gérant a des comptes à rendre au propriétaire. Dieu est son boss. Ge.2 :15
4. Il doit admettre qu'il est seulement un employé. Ge.2 :15
    a. De ses profits, Dieu ne réclame que la dîme. Mal.3 :10
    b. L'homme riche a tout prévu dans son budget sauf la portion destinée aux pauvres. Ps.41 :2 ; Pr.28 :27 ; Lu.12 :21
    c. Dieu condamne le gaspillage. Jn.6 : 12

d. Dieu condamne les dépenses inutiles et ridicules surtout avec la carte de crédit. Elles peuvent nous conduire à la ruine. Ha.2 :6-7

II. Quelles pourraient être les erreurs d'un gérant ?

1. Croire qu'il peut gérer sa vie et ses biens sans Dieu. Lu.12 : 15, 19-20
2. Croire qu'il peut dérober la part de Dieu ou décider pour Dieu. Mal. 3 :8
3. Oublier que le budget est une prévision.
   a. Vous faites bien de planter. Mais l'abondance de la récolte dépend de Dieu seul.1Co.3 :6-8
   b. Il peut tout reprendre et vous et les biens. Lu.12 : 20.

Conclusion

Soyez sages. Soumettez votre budget au maître de la vie et dites-lui : Seigneur, que ta volonté soit faite.

Questions

1. D'où vient la science comptable ?
    Du Jardin d'Eden

2. En quoi consistait le devoir d'Adam ?
    a. Il devait gérer, exploiter et maintenir la terre.
    b. Il devait rendre compte de son administration.
    c. Il devait respecter la dîme ou portion
        appartenant à Dieu.

3. Qu'est-ce-que Dieu recommande à l'homme ?
    a. Il doit payer ses dîmes au Seigneur.
    b. Il lui interdit le gaspillage et les dépenses
        frivoles.
    c. Il doit prévoir la portion des pauvres dans son
        budget.

4. Quelles sont les erreurs probables du gérant ?
    a. Croire qu'il peut gérer ses biens sans Dieu.
    b. Croire qu'il doit disposer de la part de Dieu à
        volonté.
    c. Oublier que le budget est une prévision.
    d. Oublier que la prospérité dépend uniquement
        de Dieu.

Leçon 8 - Veillez sur votre caractère

Textes de base : Jug.8 :18-19 ; 1S.13 :14 ; 16 : 12-18 ;
17 : 8, 47, 54 ; 21 :8-9 ; 24 : 5-8, 41-42 ; Ps. 4 : 1 ; 5 :1 ;
8 :1 ; 19 :1-7 ; 2S.1 :13-16 ; 5 :17-19 ; Pr. 4 :23 ; 22 :6 ;
Mt.28 :19-20 ; 1Pi.2 :9
Texte d'appui : 1S.18 :1-7
Texte d'or : Garde ton cœur plus que tout autre chose,
car de lui viennent les sources de la vie. Pr.4 :23
Méthodes : Discours, comparaisons, questions
But : Montrer la valeur non dans la corpulence mais
dans l'influence.

Introduction
Le plus grand héritage qu'on puisse laisser à son
enfant c'est la formation de son caractère. David, le
fils d'Isaï, en est un exemple. Il sera promu « homme
selon le cœur de Dieu » 1S.13 :14 ;16 : 12-13

I. Formation de David
1. Education artistique : Il était musicien et
   poète. 1S.16 :18 ; Ps.4 :1 ; 5 :1 ; 8 :1 ; 19 :1-7
2. Education patriotique : Il affronta le géant
   Goliath et l'abattit en combat singulier parce
   que ce philistin avait osé insulter l'armée
   du Dieu vivant. 1S.17 : 8, 47
3. Education royale : Après sa victoire sur le géant,
   Il ne participa pas au pillage. Il alla déposer
   l'épée du vaincu au temple de l'Eternel et sa tête
   aux pieds du roi Saul. 1S.17 :54 ; 21 :8-9
4. Education militaire : A une attaque soudaine des
   philistins, il va droit aux casernes puis il sollicita
   du Seigneur le mot d'ordre de combat.
   2S.5 :17-19

5. Education politique : Il fit tuer l'auteur de la mort de Saul, son ennemi. Il était fermé à la médisance. 2S.1 :13-16
6. Education spirituelle : Il ne se vengea pas de Saul quand il en avait les moyens. 1S. 24 :5-8
7. Education sociale : Il respectait le pacte d'amitié avec Jonathan malgré les conflits avec Saul, le père de celui-ci. 1S.20 :41-42

II. Jésus va plus loin que cela

1. A douze hommes de caractère, il a soumis toute la planète. Mt. 28 :19-20
2. Il nous élève en dignité en nous accordant des titres prestigieux :
Peuple acquis, nation sainte, ambassadeur, sacerdoce royal.1Pi.2 :9

Conclusion

Votre caractère est votre diplôme. Portez-le en vous et sur vous. Veillez.

Questions

1. Quel est le plus grand héritage qu'on puisse laisser
à son enfant ? La formation de son caractère.

2. Quel était en fait indirectement, le compliment de
Dieu au père de David ? David était un homme
selon son cœur.

3. Citez les grands traits de sa formation
Education artistique, patriotique, royale, militaire
politique, sociale et spirituelle.

4. Que dira l'Eternel de Jésus ?
Celui-ci est mon Fils bien-aimé en qui j'ai mis toute
mon affection.

5. Quelle était sa noble réalisation ?
   a. A douze hommes de caractère, il a soumis la
       planète.
   b. Il nous élève en dignité avec des titres
       enviables : Peuple acquis, nation sainte,
       ambassadeurs

6. Quel est notre meilleur diplôme ? Notre caractère.

7. Pourquoi ? Parce que nous devons le porter sur
nous chaque jour.

Leçon 9 - Veillez sur votre âme, l'homme intérieur

Textes de base : Mt.25:13; Mc.16 :17-18 ; Jn.14 :3-17 ; 16 :13 ; Ro.13 :14 ; 1Co.6 :19-20 ; 2Co.11:2; Ep.1 :19-21 ; 3 :20 ; Ph.4 :19 ; 1Jn.3 :2 ; Ap.2 :10
Texte d'appui : 2Co.4 :7-16
Texte d'or : C'est pourquoi nous ne perdons pas courage. Et lors même que notre homme extérieur se détruit, notre homme intérieur se renouvelle de jour en jour. 2Co.4 :16
Méthodes : Discours, comparaisons, questions
But : Conjurer les chrétiens à soigner leur vie spirituelle Pour l'avènement de Jésus-Christ

Introduction

Le moment le plus heureux pour une fiancée est le rappel de toutes les promesses de son fiancé. Elle vit dans son intérieur. Cette fiancée c'est nous, l'Eglise de Jésus-Christ. Que devons-nous nous rappeler ?

I. Les preuves de fidélité de Christ envers nous

Il nous a promis le Saint-Esprit avec pour rôle :

a. De parfaire notre sanctification. Jn.14 :16-17

b. De nous conduire dans toute la vérité. Jn.16 :13

c. De nous armer pour chasser les démons, faire des miracles et des prodiges et surtout pour prêcher la parole avec puissance. Mc.16 :17-18

2. Il nous laisse sa carte de crédit avec provision illimitée pour satisfaire à tous nos besoins. Jn.14 :14 ; Ph.4 :19

II. La promesse d'être à ses côtés dans un au-delà de bonheur

1. Il nous a promis de revenir nous chercher. Jn.14 :3
2. Il nous habillera de lui-même. Ro.13 :14
3. Il nous rendra semblables à lui. 1Jn.3 :2
4. Il va mettre sous nos pieds toutes les autorités, les dominations, les puissances dans les cieux et sur la terre. Ep. 1 :19-21

III. Ce qu'il faut nous rappeler

1. Que nous avons été rachetés à un grand prix. 1Co.6 :19-20
2. Qu'il nous faut travailler avec seulement la puissance du Saint Esprit. Ep.3 :20
3. Que nous devons être fidèles jusqu'au bout. Ap.2 :10
4. Que nous devons examiner notre conscience pour savoir si nous sommes encore dans la foi
5. Qu'il avait dit : « Je m'en vais, mais je reviendrai vous chercher ». Jn.14 :3 ; 2Co.11 :2
6. Qu'Il n'a pas indiqué le jour ni l'heure mais qu'il nous a dit de veiller. Mt.25 :13

Conclusion

Attendez-vous votre fiancé ? Veillez

Questions

1. Quel est le moment le plus doux pour une fiancée ?
Le moment de se rappeler toutes les promesses de son fiancé.

2. Quelle est la position de Jésus-Christ par rapport à l'Eglise ? Il est son fiancé.

3. Quelles ont été les preuves de la fidélité de Christ envers son Eglise ?
   a. Il lui envoya le Saint Esprit promis pour le conduire dans toute la vérité.
   b. Il lui donne le pouvoir sur Satan
   c. Il lui donne le pouvoir d'opérer des miracles en son nom.
   d. Il nous laisse son nom comme sa carte de crédit illimitée.

4. Quelles sont ses promesses pour la vie à venir ?
   a. Il reviendra nous chercher.
   b. Il nous habillera de lui-même.
   c. Il nous soumettra toutes les autorités et les puissances dans les cieux et sur la terre.

5. Que faut-il nous rappeler ?
   a. Que nous avons été rachetés à un grand prix.
   b. Qu'il nous faut travailler avec seulement la puissance du Saint Esprit.
   c. Que nous devons être fidèles jusqu'au bout.
   d. Que nous devons garder la foi
   e. Que Jésus reviendra nous chercher.
   f. Il n'a pas indiqué le jour ni l'heure mais il nous a dit de veiller.

Leçon 10 - Veillez sur les signes des temps

Textes de base : Le. 19 :32 ; Es.3 :5 ; Je.50 :6 ; Mt.24 :
6-12 ; Lu.18 : 8 ; 2Ti.3 :1-10 ; 4 :3-4, 10 ; Ap.13 :17-18
Texte d'appui : 2Ti.3 :1-10
Texte d'or : Car il viendra un temps où les hommes ne
supporteront pas la saine doctrine ; mais, ayant la
démangeaison d'entendre des choses agréables, ils se
donneront une foule de docteurs selon leurs propres
désires… 2Ti.4 :3
Méthodes : Discours, comparaisons, questions
But : Préserver les chrétiens de toute insouciance

Introduction
Qui ignore que nous sommes dans les derniers temps ?
La bible ne nous invite-t-elle pas à la vigilance dans
l'attente de l'Epoux au milieu des jours mauvais ?
Pourquoi sont-ils mauvais ?

I. Parce que les hommes sont mauvais.
Ils rendent les temps difficiles. 2Ti. 3 : 1-10
  1. Ils sont égoïstes, amis de l'argent. Ils
     s'enrichissent à vos dépens en vous vendant
     des produits faux ou falsifiés. 2Ti.3 : 2
  2. Ils approuvent la drogue et le loto.
  3. Ils sont rebelles à leurs parents, ingrats,
     irréligieux et ennemis des gens de bien. 2Ti.3 :3
     a. Ils n'ont aucun respect pour les vieillards.
        Lév.19 :32 ; Es.3 :5
     b. Ils consacrent le dimanche à un travail
        séculier ou aux plaisirs. 2Ti.3 :4
     c. Ils n'ont aucun sens de la morale et
        remplissent nos prisons pour crime et pour
        vol. 2Ti.3 : 3

d. Leur adoration est superficielle. 2Ti.3 :5 ; 4 : 3-4

e. Le sexe en dehors du mariage est considéré comme une satisfaction naturelle mais pas comme un péché. 2Ti. 3 :6

II. **Parce que les signes des temps sont flagrants**

1. L'amour du sport l'emporte sur la persévérance de plusieurs. 2Ti.4 :10

2. Les faux pasteurs et les faux prophètes abondent. Jer.50 :6

3. La foi cède le pas à la science et tend à disparaitre. Lu.18 : 8

4. L'amour fraternel se refroidit. Mt.24 :12

5. L'Eglise dort dans la routine

6. La troisième guerre mondiale est imminente. Mt.24 : 6-8

7. Monsieur 666 est déjà à l'œuvre. Ap.13 : 17-18

8. Le compte à rebours vers la fin a déjà commencé. Mt. 24 : 7-8

Conclusion

Ne soyez pas insouciants, mais veillez.

Questions

1. Pourquoi la bible nous signale-t-elle que les jours sont mauvais ?
   a. Parce que les hommes sont mauvais.
   b. Parce que les signes des temps sont flagrants.

2. Comment expliquer que les hommes sont mauvais ?
   a. Ils sont égoïstes, amis de l'argent, ennemis des gens de bien.
   b. Ils approuvent la drogue et le Lotto
   c. Ils sont rebelles à leurs parents
   d. Ils n'ont pas de respect pour personne
   e. Ils s'adonnent au travail séculier et aux plaisirs au jour du Seigneur.

3. Citez des signes des temps évidents dans nos Eglises.
   a. L'amour des sports l'emporte sur la persévérance.
   b. Les faux pasteurs et les faux prophètes pullulent.
   c. La foi cède le pas à la science et tend à disparaitre.
   d. L'amour fraternel se refroidit. Mt.24 :12
   e. La troisième guerre mondiale est imminente.
   f. Monsieur 666 est déjà à l'œuvre.
   g. L'Eglise dort dans la routine.

Leçon 11 - Comment éduquer le premier-né

Textes de base : Ge. 3 :21-24 ; Pr. 23 :13 ; 29 :15 ;
Mt.13 :55 ; Mc.6 :3 ; He.12 :6
Texte d'appui : He.12 :3-11
Texte d'or : Car le Seigneur châtie celui qu'il aime, Et
il frappe de la verge tous ceux qu'il reconnaît pour ses
fils. He.12 :6
Méthodes : Discours, comparaisons, questions
But : Rappeler aux parents que l'enfant qu'ils tolèrent
aujourd'hui sera leur bourreau demain.

Introduction
L'éducation des enfants varie suivant leur
tempérament et les circonstances. Mais qu'en est-il de
l'ainé ou de l'enfant unique ?

I. Généralement, il était attendu.
1. Il (elle) préoccupe les conjoints.
2. Tout est prévu pour lui à l'avance.

II. On consent à des sacrifices pour lui (elle) :
1. On ajuste son horaire de travail à cause de lui
    (elle). Il est le boss.
2. On le tolère pour ne pas lui déplaire. Il est
    surprotégé. On parle partout de ses progrès.
    Quand il en est conscient, il en profite pour
    attirer l'attention sur lui.
3. Bientôt, il s'érige en dictateur, en tyran comme
    si tout le monde lui doit et qu'il ne doit rien à
    personne. Pr.22 :6
4. Il deviendra très mal élevé et même méchant si
    les parents osent le tolérer.

III. Comment l'éduquer

1. L'enfant unique est égocentrique. On doit lui apprendre à partager.
2. Devenu grand, il peut être insociable, indépendant. On doit l'intégrer dans des activités familiales. Jésus était premier-né, il embrasse le métier de Joseph, son père nourricier. Mt. 13 :55 ; Mc. 6 :3
3. Il faut l'aimer sans le tolérer autrement il fera honte. Pr.29 :15
4. Le père, à son tour, châtie l'enfant qu'il aime. Il ne le laisse pas faire. Pr.23 :13 ; He.12 :6
   Les caresses ont leur temps ainsi que les punitions. Elles ne marchent jamais ensemble. Dieu a chassé le premier homme et la première femme de sa présence, même s'il devait pourvoir à leur rédemption. Ge. 3 :21-24

Conclusion

Ne soyez pas plus chrétien que le Christ. Jouez bien votre rôle de parents.

Questions

1. Comment considérer l'éducation du premier-né
    On la considère d'après son tempérament, le
    milieu ambiant et les circonstances.

2. Quelle est sa place dans l'esprit des conjoints ?
    a. La première place.
    b. Tout est prévu pour lui avant sa naissance.

3. Comment se font les ajustements ?
    On adapte son horaire à celui de l'enfant.

4. Quelles sont les erreurs à ne pas commettre ?
    Tolérer l'enfant, le surprotéger

5. Quel en est le danger ?
    a. L'enfant peut devenir capricieux, dictateur.
    b. Livré à lui-même il fera honte à ses parents.

6. Comment l'éduquer ?
    a. Il faut lui trouver des amis pour qu'il apprenne
        à partager.
    b. Les caresses et les punitions ont chacune leur
        place mais ne vont jamais ensemble.

7. Comment Jésus, un premier-né fut-il élevé ?
    Il apprit le métier de Joseph son père nourricier.

Leçon 12 - Comment éduquer l'adolescent

Textes de base : Jg.13 :3-5 ; 6 :28-32 ; 8 :17-19 ;
1S.13 :14 ; 16 :11-13 ; Mt. 3 :17 ; 7 :24 ; 13 :55 ; 16 :
18 ; Mc.6 :3 ; Jn. 3 :35 ; 8 :29 ; 14 :3
Texte d'appui : 1S.16 :4-13
Texte d'or : N'est-ce pas le fils du charpentier ? n'est-
ce pas Marie qui est sa mère ? Jacques, Joseph, Simon
et Jude, ne sont-ils pas ses frères ? Mt.13 :55
Méthodes : Discours, comparaisons, questions
But : Intégrer l'enfant dans la vie socioéconomique de
la famille.

Introduction
Chers parents, l'enfant est votre produit. Savez-vous
comment il va fonctionner ?

I. Que devez-vous savoir ?
1. Que vous devez vous éduquer d'abord avant
   d'avoir un enfant car il va hériter beaucoup de
   vous. Néanmoins, il aura son tempérament
   propre. Jg. 13 : 3-5
2. Que chaque enfant est programmé par Dieu pour
   un but. David, le berger d'Israël, était déjà stagiaire
   à partir du troupeau d'Isaïe, son père.
   1S. 13 :14 ; 16 : 11-13
3. Que l'enfant doit être guidé et non surprotégé. Les
   parents doivent lui donner graduellement la
   liberté de s'affirmer.
   a. Joas était un hougan, pourtant il entend que
      tous respectent la foi de son fils Gédéon en
      l'Eternel. Jug.6 :28-32

b. Même ses ennemis voyaient en ses enfants le caractère de prince, c'est-à-dire l'expression de gens libres et dignes. Ju. 8 :17-19

II. Que devez-vous faire ?

1. Faire de l'enfant votre associé en l'intégrant dans vos activités.
   a. Jésus a appris et exercé le métier de charpentier comme Joseph, son père nourricier. Mt.13 :55 ; Mc. 6 :3
   b. On le voit dans son vocabulaire : Il parle de demeure, de bâtir son Eglise et de maisons bâties sur le roc. Mt. 7 :24 ; 16 : 18 ; Jn.14 : 3
2. Montrer à l'enfant que vous êtes fier de lui.
   Le Père céleste en donne l'exemple dans la présentation de son Fils au public. Mt.3 :17
   Il lui manifeste de la confiance en lui transmettant publiquement la gérance de tous ses biens. Jn.3 : 35
   A son tour le Fils fait tout avec transparence. Jn. 8 :29

Conclusion

C'est déjà beaucoup pour retenir votre enfant dans le cercle familial. Allez-y.

Questions

1. Quand commence l'éducation de l'enfant ?
   Avant sa naissance

2. Que veut-on dire par là ?
   Que vous devez vous éduquer vous-même avant
   d'avoir un enfant.

3. Quel est le rôle de Dieu dans l'éducation de
   l'enfant ? Il a programmé l'avenir de l'enfant depuis
   le ciel.

4. Comment le savez-vous ?
   Il a choisi David pour être le berger d'Israël sans le
   consentement d'Isaï.

5. Comment traiter l'adolescent ?
   Il doit être guidé et non surprotégé.

6. Qui a fait l'éloge de Gédéon ? Ses ennemis

7. Comment savons-nous que Jésus était
   charpentier ?
   Il parle toujours de demeure, de construction.

RECAPITULATION DES VERSETS

1. Eternel, mets une garde à ma bouche, veille sur la porte de mes lèvres. Ps.141 :3

2. Ne vous y trompez pas: les mauvaises compagnies corrompent les bonnes mœurs. 1Co15 :33

3. Rachetez le temps, car les jours sont mauvais. Ep.5 :16

4. Ayez, non cette parure extérieure qui consiste dans les cheveux tressés, les ornements d'or, ou les habits qu'on revêt, mais la parure intérieure cachée dans le cœur,

5. Nous ne sommes pas de ceux qui se retirent pour se perdre, mais de ceux qui ont la foi pour sauver leur âme. He.10 :39

6. Jésus leur dit: Venez à l'écart dans un lieu désert, et reposez-vous un peu. Car il y avait beaucoup d'allants et de venants, et ils n'avaient même pas le temps de manger. Mc.6 :31

7. Malheur à celui qui accumule ce qui n'est pas à lui ! Jusques à quand ?... Malheur à celui qui augmente le fardeau de ses dettes ! Hab.2 :6b

8. Garde ton cœur plus que tout autre chose, car de lui viennent les sources de la vie. Pr.4 :23

9. C'est pourquoi nous ne perdons pas courage. Et lors même que notre homme extérieur se détruit, notre homme intérieur se renouvelle de jour en jour. 2Co.4 :16

10. Car il viendra un temps où les hommes ne supporteront pas la saine doctrine ; mais, ayant la démangeaison d'entendre des choses agréables, ils se donneront une foule de docteurs selon leurs propres désires… 2Ti.4 :3

11. Car le Seigneur châtie celui qu'il aime, Et il frappe de la verge tous ceux qu'il reconnaît pour ses fils. He.12 :6

12. N'est-ce pas le fils du charpentier ? n'est-ce pas Marie qui est sa mère ? Jacques, Joseph, Simon et Jude, ne sont-ils pas ses frères ? Mt.13 :55

Feuille d'évaluation

1. Quelle partie de ces 12 leçons vous a le plus touché?

    a. Pour vous-même ? _____

    b. Pour votre famille _____

    c. Pour votre Eglise ? _____

    d. Pour votre pays ? _____

    e. Quelle est votre décision immédiatement après la classe ?

    _____

    f. Quelles sont vos suggestions pour l'Ecole du Dimanche :

    a._____

    b._____

    c._____

    g. Questions purement personnelles :

    1) Quelle est ma contribution pour le développement de cette Eglise ? _____

    2) Quel effort ai-je fait jusqu'ici pour améliorer sa condition ? _____

    3) Si Jésus vient maintenant, sera-t-il fier de mes œuvres ? _____

TORCHE MIROBOLANTE

17-Serie 3

Le Mystère de la Vie Cachée
En Jésus-Christ

Révérend Renaut Pierre-Louis

Avant-propos
Ce sujet fait suite à la série EN CHRIST du volume 10.
Il s'inspire du besoin de concentrer notre attention sur
la finalité de la vie chrétienne.
Etant donné que le salut est plus près de nous que
l'heure où nous avons cru, il est urgent de nous
affectionner aux choses d'en haut où Christ est assis à
la droite du Père. Nous vous saurons gré, chers
étudiants de la Parole, de faire de ce sujet votre base de
lancement pour une montée ascensionnelle dans les
hautes sphères de la vie spirituelle. Ro.13 :14

Pasteur Renaut Pierre-Louis

Leçon 1 - La raison d'être d'une vie cachée

Textes de base : Ge.3 :21 ; Je.29 :13 ; Mt.6 :31-32 ; Jn.3 :16 ; Ac.2 :39 ; Ro.3 :23 ; 8 :28-29 ; 1Co.15 : 45-50 ; 1Jn.2 :15
Texte d'appui : Ro. 8 :28-34
Texte d'or : Car le Fils de l'homme est venu chercher et sauver ce qui était perdu. **Lu.19 :10**
Méthodes : Discours, comparaisons, questions
But : Montrer comment Dieu prévoit le plan du salut de l'homme après la chute d'Adam.

Introduction
Pour bien comprendre la raison d'être d'une vie cachée, il faut établir un parallèle entre Adam, le premier homme et Jésus-Christ le dernier Adam. Adam est l'auteur de la génération déchue et Jésus-Christ, l'auteur de la génération restaurée. Quel est le plan de Dieu pour ces deux générations ?
I. La première génération
1. Au lieu d'abandonner l'homme dans sa chute, Dieu lui prépare un plan de rédemption. Ge.3 :21
2. Par imputation, tous les hommes en Adam ont hérité du péché originel. Conséquemment, ils sont privés de la gloire de Dieu. Ro. 3 :23
3. Dieu doit sauver Adam et ses fils. Il fait donc provision pour eux tous. Ac. 2 :39
   a. Ainsi, il revient à l'homme de chercher Dieu pour le trouver. Je.29 :13
   b. D'ailleurs, la terre souillée par le péché n'offre rien de consistant. Mt.6 : 31-32
   c. C'est pourquoi l'amour du monde nous éloigne de Dieu. 1Jn.2 :15.

II. La deuxième génération

1. Elle comprend ceux qui ont la foi pour choisir volontairement Jésus-Christ comme Sauveur. Ce sont ceux-là qui aiment Dieu et qui sont appelés selon son dessein. Ro.8 : 28

2. Avant sa chute, Adam était semblable à Dieu. Ils avaient entre eux les mêmes caractéristiques spirituelles. Après la chute, il est privé de la gloire de Dieu. Pour restaurer son image, notre Père décide de mettre en œuvre une deuxième génération avec Jésus-Christ. Ro.8 : 29

3. Ainsi Jésus, le Fils unique de Dieu selon Jn.3 :16, est devenu maintenant le premier-né de beaucoup de frères dans la nouvelle génération. Ro.8 :29

   Il nous met à l'abri du malin. Col.3 :3

Conclusion

Etes-vous de la première ou de la deuxième génération ?

Questions

1. Qui est le père de la première génération ? Adam
2. Qui est l'auteur de la deuxième génération ? Jésus
3. Quel était le sort de la première génération ? Perdu
4. Dieu abandonna-t-il l'homme après son péché ? Non. Il lui pourvoit un Sauveur.
5. Comment participe-t-on à ces deux générations ? Nous avons été inculpés en Adam, nous sommes sauvés en choisissant volontairement Jésus-Christ comme Seigneur et Sauveur.
6. Quel est l'avantage de Dieu dans le salut de l'homme ? Il restaure sa propre image dégradée en la personne d'Adam son fils.

Leçon 2 - La modalité de la vie cachée

Textes de base : Mc.10 :30 ; Jn.1 :12 ; 14 :3 ; 16 :33 ; Ro. 5 :1 ; 8 : 1, 28-32 ; 1Co.15 :44-50 ; Ja.4 :5 ; 1Jn.3 :2 ;
Texte d'appui : 1Co.15 :45-
Texte d'or : Tel est le terrestre, tels sont aussi les terrestres ; et tel est le céleste, tels sont aussi les célestes. 1Co.15 :48
Méthodes : Discours, comparaisons, questions
But : Diriger les âmes vers le ciel

Introduction
La différence entre le premier et le dernier Adam est comme celle du jour et de la nuit.

I. Comparons
1. Le premier Adam :
   a. Il était tiré de la terre. Il avait un corps naturel.
   b. Il était une âme vivante. 1Co.15 : 44-47
   c. Il avait la chair et le sang qui ne pouvaient hériter du royaume de Dieu. 1Co.15 : 50
   d. Il ne pouvait offrir que des biens temporels.
2. Le dernier Adam :
   a. Il est devenu un Esprit vivifiant. Il vient du ciel. Il est spirituel.1Co.15 : 44-49
   3. Le sort de ceux qui croient dans le dernier Adam
   b. Ils ont le privilège de devenir enfant de Dieu, c'est-à-dire les enfants de la nouvelle génération. Jn.1 :12 ; Ro.8 :14
   c. Il met en eux son Esprit qu'il chérit avec jalousie. Ja.4 :5
   d. Il leur promet de partager avec eux sa gloire dans son royaume. Jn.14 :3

II. Comment expliquer qu'ils sont privilégiés ?
1. Dans sa prescience, Dieu les connait. Ro.8 :29
   a. Et depuis, il les a prédestinés à être semblables à Christ, c'est-à-dire à souffrir avec Christ afin de régner avec lui. Mc.10 : 30 ; Jn.16 :33 ; Ro. 8 : 29 ; 1Jn.3 :2
   b. Il les appelle à la conversion. Ro.8 :30
   c. Il pardonne leurs péchés. Ro. 5 :1 ; 8 :1
   d. Il met tous en défi de prouver le contraire. Ro.8 :31
   e. Avec Jésus, il leur donne toutes choses. Ro.8 : 32

Conclusion
Demeurez en Christ ; il y va du salut de votre âme.

Questions

1. Quelles sont les caractéristiques du premier Adam ?
   Il est terrestre, naturel et dominé par la chair et le
   sang. Il est une âme vivante.

2. Quelles sont les caractéristiques du dernier Adam ?
   Il est céleste et donc spirituel.

3. Quel est le sort de ceux qui croient dans le dernier
   Adam ?
   a. Ils deviennent enfants de Dieu, enfants de la
       nouvelle génération.
   b. Dieu met en eux son esprit et ils partageront sa
       gloire.

4. Comment expliquer qu'ils sont des privilégiés ?
   a. Dans sa prescience, Dieu les connait.
   b. Et depuis, il les a prédestinés à être semblables
       à Christ, à souffrir avec Christ afin de régner
       avec lui.
   c. Il les appelle à la conversion.
   d. Il pardonne leurs péchés.
   e. Il met tous en défi de prouver le contraire.

Leçon 3 - Christ seule autorité dans la vie cachée

Textes de base : Mt. 25 :34 ; Jn.14 :3 ; 17 :24 ;
1Co.6 :19-20 ; 2Co.3 :18 ; Gal. 2 :20 ; Col.3 :3 ; Ja.4 :5 ;
Jude 24
Texte d'appui : 1Co.6 :13-20
Texte d'or : C'est avec jalousie que Dieu chérit l'Esprit
qu'il a fait habiter en nous. Ja. 4 :5
Méthodes : Discours, comparaisons, questions
But : Montrer que Jésus a tant investi en nous qu'il ne
peut aisément nous livrer à la perdition.

Introduction
Pour apprécier à sa juste valeur l'amour de Christ pour
nous, il faudrait lire à ce sujet, la déclaration de l'apôtre
Jacques : « C'est avec jalousie que Dieu chérit l'Esprit
qu'il a fait habiter en nous ». Ja. 4 :5
Pourquoi garde-t-il notre vie cachée ?

I. C'est son invention.
1. Puisqu'Il nous a rachetés à un prix fort, Il a intérêt
   à nous donner toute sécurité.1Co.6 :19-20
2. La copie originale de notre vie n'est plus entre nos
   mains. Elle est cachée avec Christ en Dieu.
   Col.3 :3

II. C'est sa passion.
1. Il veut que nous partagions sa vie. « Je veux que
   là où je suis, vous y soyez aussi ». Jn.14 : 3
2. C'est en lui que nous sommes transformés de
   gloire en gloire. 2Co.3 :18
3. Il veut que nous partagions sa gloire. Jn.17 : 24

III. C'est son trophée

1. Notre victoire est la sienne. Notre défaite est aussi la sienne. Il a plus à gagner en nous que nous en nous-mêmes. Si nous sommes perdus, nous perdons une vie ; mais Jésus perdra immédiatement sa réputation. C'est pourquoi il nous préserve de toute chute. Ju.24

2. Nous sommes son trophée qu'il présentera à son Père au dernier jour. Mt.25 :34

Conclusion

Jésus n'a pas la vanité de nous exposer devant les hommes. Il attend au dernier jour de nous présenter devant son Père. D'ici là, restons cachés avec lui en Dieu. Col.3 :3

Questions

1. A quel point Dieu chérit-il l'esprit qu'il a fait habite en nous ? Avec jalousie.

2. Pourquoi garde-t-il notre vie cachée ?
   C'est son invention, c'est sa passion et c'est son trophée.

3. Où garde-t-il l'original de notre vie ? Il est caché avec Christ en Dieu.

4. Pourquoi ? Nous lui coutons trop cher.

5. Quelle est son œuvre en nous ?
   Il nous transforme de gloire en gloire pour lui ressembler, pour partager sa gloire.

6. Quelle sera sa fierté ?
   Nous présenter à son Père au jour des noces dans le ciel.

Leçon 4 - Preuves de la vie cachée

Textes de base : De.29 :29 ; Jo.1 :8 ; Ps.1 :3 ; 119 :105 ; Mt.11 :25 ; 1Co.2 :9-10 ; Ga.5 :22 ; Col.3 :1
Texte d'appui : Mt.11 : 25-30
Texte d'or : En ce temps-là, Jésus prit la parole, et dit : Je te loue, Père, Seigneur du ciel et de la terre, de ce que tu as caché ces choses aux sages et aux intelligents, et de ce que tu les as révélées aux enfants. Mat.11 :25
Méthodes : Discours, comparaisons, questions
But : Montrer comment Dieu favorise les enfants de la deuxième génération.

Introduction
On reconnait l'arbre par son fruit, dit-on. Mais à quoi peut-on reconnaitre le chrétien dont la vie est cachée ?

I. D'abord, par son affection pour les choses cachées. Col.3 : 1
1. Dieu nous appelle à les découvrir dans sa Parole.
   a. Sa Parole est une lampe à nos pieds. Ps.119 :105
   b. Le Saint-Esprit de Dieu nous révèle tout sur Dieu. 1Co.2 : 9-10
2. C'est pourquoi le « révélé » médite la Parole jour et nuit pour y découvrir les secrets de Dieu. Ps.1 :3

II. Ensuite, par son affection pour les choses révélées. Mt. 11 :25
1. Les choses cachées sont à l'Eternel, notre Dieu ; les choses révélées sont à nous et à nos enfants,

à perpétuité, afin que nous mettions en pratique toutes les paroles de cette loi. De.29 :29

2. C'est d'ailleurs la clé du succès. Jo.1 : 8

III. Enfin, par le fruit à espérer d'une vie cachée.

1. Ce fruit contient neuf éléments fondamentaux : L'amour, la joie, la paix, la patience, la bonté, la bienveillance, la foi, la douceur, la maitrise de soi. Gal. 5 :22

1. C'est le fruit de l'Esprit qu'il ne faut pas confondre avec les fruits naturels ou charnels :

2. Si l'un de ces éléments manque ou est affecté, le vrai chrétien en est averti par le Saint -Esprit pour qu'il se ranime dans la confession, le jeûne et la prière. Ga.5 :22

Conclusion

A bon restaurant, point d'enseigne. Laissez vos actes et votre attitude parler pour vous.

Questions

1. A quoi peut-on reconnaitre le chrétien dont la vie
    est cachée ?
    a. D'abord, par son affection pour les choses
        cachées
    b. Ensuite, par son affection pour les choses
        révélées
    c. Enfin, par le fruit de l'Esprit dans sa vie
        cachée.

2. Quelles sont ces choses cachées ?
    a. Les secrets dans la Parole de Dieu.
    b. Les secrets de Dieu révélés par le Saint Esprit

3. Comment expliquer le fruit de l'Esprit ?
    C'est un ensemble de neuf vitamines spirituelles
    trouvées dans la vie du chrétien spirituel.

4. Que fait le chrétien quand il remarque une
    déficience d'une de ces vitamines ? Il a recours à
    Dieu dans la confession, la prière et le jeûne.

Leçon 5 - Preuves de la vie cachée

Textes de base : Ge.3 :1-7 ; Ps.16 :11 ; La. 3 : 22-23 ; Mt.4 :4 ; 6 :31-32 ; Jn.3 :16 ; Ro.12 :9 ; Ep.5 : 16-19 ; He.9 :27 ; 10 :31, 39 ; Ja.2 :1 ;1Jn.2 :17 ; 3 :14
Texte d'appui : 1Jn.3 :9-18
Texte d'or : Nous savons que nous sommes passés de la mort à la vie, parce que nous aimons les frères. Celui qui n'aime pas demeure dans la mort.1Jn.3 :14
Méthodes : Discours, comparaisons, questions
But : Donner la preuve de la vie cachée par des actes.

Introduction
Contrairement aux vedettes rendues populaires par des publicités, le chrétien transparait mais ne parait pas. Comment le reconnaitre alors ?

I. Il affiche un mépris pour les choses de la terre.
1. Parce que la terre est le territoire du malin. Ge. 3 : 1-7
2. Parce que seuls les païens recherchent les choses de la terre. Mt.6 : 31-32
3. Parce que le monde passe et sa convoitise aussi. 1Jn.2 :17
4. Parce que Dieu donne fidèlement à ses enfants le quota journalier qu'il tire de ses réserves inépuisables. La. 3 : 22-23

II. Il s'affectionne aux choses spirituelles.
1. Il vit de la Bible. Mt. 4 :4
2. Il s'unit à d'autres chrétiens pour méditer la parole et louer Dieu. Ep. 5 : 19
3. Il rachète le temps pour mieux servir Dieu. Ep.5 :16

III. Il aime ses frères en la foi.
1. C'est déjà une preuve forte de sa conversion. 1Jn.3 :14
2. Cet amour doit être sans hypocrisie et sans parti pris. Ro.12 :9 ; Ja.2 :1

IV. Il n'acceptera jamais de risquer le salut de son âme pour quatre raisons :
1. Ce salut coûte trop cher. Jn.3 :16
2. Il est réservé aux hommes de mourir une seule fois, après quoi vient le jugement. He.9 :27
3. C'est une chose terrible que de tomber entre les mains du Dieu vivant. He.10 :31
4. Il y a d'abondante joie devant la face de Dieu. Ps. 16 : 11

Conclusion
Nous ne sommes pas de ceux qui se retirent pour se perdre, mais de ceux qui ont la foi pour sauver leur âme. He.10 :39

Questions

1. Comment identifier le chrétien dans une vie
    cachée ?
    a.   Il affecte un mépris pour les choses de la terre
    b.   Il s'affectionne aux choses spirituelles.
    c.   Il aime ses frères en la foi.
    d.   Il n'acceptera jamais de risquer le salut de son
         âme
2. Pourquoi méprise t-t-il les choses de la terre ?
    a.   Parce que la terre est le territoire du malin.
    b.   Parce que seuls les païens recherchent les
         choses de la terre.
    c.   Parce que le monde passe et sa convoitise
         aussi.
    d.   Parce que Dieu donne fidèlement à ses
         enfants le quota journalier.

3. Comment considérer sa vie de dévotion ?
    a.   Il lit et médite la parole avec d'autres chrétiens
    b.   Il rachète le temps pour mieux servir Dieu.

4. Quelle est sa relation avec les frères en général ? Il
    les aime sans hypocrisie et sans parti-pris.

5. Comment veille-t-il sur son âme ?
    Il n'accepte aucun risque pour aucune raison.

Leçon 6 - Les conditions de la vie cachée

Textes de base : Ps.51 :19 ; Mt.28 :19-20 ; Lu.9 :23 ; Jn.1 :12-13 ;3 :6 ; 6 :54-56 ; Ro.10 :17 ; 1Co.15 :57 ; Ga.2 :20 ; Ep.2 :8 ; 1Ti.3 :16 ; 1Jn.2 : 6
Texte d'appui : Col.3 :1-8
Texte d'or : Car vous êtes morts, et votre vie est cachée avec Christ en Dieu. Quand Christ, votre vie, paraîtra, alors vous paraîtrez aussi avec lui dans la gloire. Col.3 :3-4
Méthodes : Discours, comparaisons, questions
But : Montrer le processus de la nouvelle relation avec Christ.

Introduction
Nul n'a choisi de naitre. Nul n'a le droit de choisir de mourir. Comment ce processus fonctionne-t-il dans la vie en Christ ?

I. D'abord vous devez renaitre
1. La naissance naturelle est le résultat de la relation entre deux personnes de sexes différents. Jn. 1 :12-13 ; 3 :6
2. La naissance spirituelle ou nouvelle naissance, exige la participation de votre foi. Et cette foi est un don de Dieu qui vous est communiqué quand vous ouvrez vos cœurs à la parole de Dieu. Ro.10 :17 ; Ep.2 :8

II. Ensuite, disparaitre
1. Mourir à soi-même, à ses préférences en vue de vivre en Christ et pour Christ. Jn.6 : 54-56
2. Accepter de vous remettre totalement à Dieu pour toutes vos décisions. Ga. 2 :20

3. Avoir un cœur brisé et contrit. Ps.51 : 19

III. Enfin reparaitre.

Vous devez ressusciter avec Christ

1. Pour partager son triomphe. 1Co.15 : 57
2. Pour suivre son agenda. Mt.28 :19-29
3. Pour mener la même vie qu'il menait au jour de sa chair. 1Jn.2 :6
4. Pour porter sa croix et son message chaque jour. Lu.9 :23
5. Pour révéler à tous
    a. Le mystère de la croix du calvaire, 1Co.1 :18
    b. Le mystère du tombeau vide. Lu.24 :5-6
    c. Le mystère du ciel de gloire. 1Ti.3 :16

Conclusion

Voilà comment le chrétien peut mourir et vivre en Christ. C'est si beau !

Questions

1. Quelles sont les conditions pour une vie cachée ?
   Il faut renaitre, disparaitre et reparaitre.

2. Que veut dire ici renaitre ?
   Il faut accepter Jésus-Christ comme son sauveur et Seigneur

3. Que veut dire ici disparaitre ?
   a. Il faut mourir à soi-même, à ses préférences en vue de vivre en Christ et pour Christ.
   b. Il faut accepter de vous remettre totalement à Dieu pour toutes vos décisions.
   c. Il faut avoir un cœur brisé et contrit

4. Que veut die ici reparaitre ?
   Vous devez ressusciter avec Christ
   a. Pour partager son triomphe.
   b. Pour suivre son agenda.
   c. Pour mener la même vie qu'il avait au jour de sa chair.
   d. Pour porter sa croix et son message chaque jour.

5. Dans quel but ?
   Pour révéler à tous
   a. Les mystères de la croix du calvaire,
   b. Les mystères du tombeau vide
   c. Les mystères du ciel de gloire

Leçon 7 - Le secret de la vie cachée

Textes de base : Ps.91 :1 ; Mt.4 :4 ; 7 :20 ; 5 :16 ;
Jn.6 :63 ; Ep.3 :20 ; Col.3 :3
Texte d'appui : Ep.3 :13-20
Texte d'or : Or, à celui qui peut faire, par la puissance
qui agit en nous, infiniment au-delà de tout ce que nous
demandons ou pensons, à lui soit la gloire dans l'Église
et en Jésus Christ, dans toutes les générations, aux
siècles des siècles ! Amen ! Ep.3 :20-21
Méthodes : Discours, comparaisons, questions
But : Montrer comment fonctionne la vie spirituelle du
chrétien

Introduction
Pour saisir le secret de la vie cachée, il faut comprendre
un peu le rôle de la sève dans l'arbre.

I. Comment l'arbre vit-il ?
Il lui faut l'air et le sol.
1. Au contact du sol, la sève brute monte à partir des
   racines chargées de poils absorbants. Cette sève se
   distribue depuis le tronc jusqu'aux nervures des
   feuilles.
2. Ces poils puisent l'eau et les sels minéraux
   indispensables à la croissance de l'arbre.
3. Au contact de l'air, les feuilles transpirent et
   favorisent l'ascension de la sève.
   De la même manière, la Bible est la source de la
   vie du chrétien. Les sermons, les chants
   évangéliques inspirés, les témoignages de foi et les
   exhortations, sont les moyens dont il dispose pour
   recevoir la sève de la Parole de Dieu. Mt. 4 :4

II. Comment monte la sève ? Elle monte d'une manière imperceptible car elle vient d'une source cachée.

La vie du chrétien vient d'une source cachée : Cette source est « Esprit et vie » qui se manifeste dans nos actes. Mt.7 :20 ; Jn.6 :63

III.Quand voit-on la sève ? Seulement quand l'arbre est blessé.

C'est donc grâce aux blessures des épreuves qu'on reconnait le vrai chrétien. Mt. 5 :16
Il résiste à la tribulation par la puissance qui agit en lui. Ep.3 :20

IV. De qui la vie cachée dépend-t-elle ?
1. Elle dépend de la relation du chrétien avec Christ en Dieu. Col.3 :3
2. Par-là, le chrétien est rendu invisible aux yeux des ennemis.
3. Il vit par la sève spirituelle du Tout-Puissant. Ps.91 :1
4. Jésus est son enveloppe spirituelle pour nourrir son âme et régler les actions du corps. Ga.2 :20

Conclusion
Si Christ ne vous suffit pas, certainement vous avez un abonnement ailleurs. Je vous enjoins donc de le stopper si vous avez vraiment le projet d'aller au ciel.

Questions

1. Comment se manifeste la vie cachée ?
   Comme la sève indivisible qui monte dans l'arbre

2. Expliquez
   De même que la sève brute monte à partir des racines chargées de poils absorbants et se distribue depuis le tronc jusqu'aux nervures des feuilles, de même le chrétien se nourrit de la Bible, des sermons et des exhortations

3. Comment s'appelle la source cachée qui nourrit le chrétien ?
   La parole qui est Esprit et vie.

4. Quand voit-on la sève ? Seulement quand l'arbre est blessé.

5. Quand voit-on la manifestation de la vie du chrétien ?
   a. Quand il est blessé par des épreuves
   b. Quand il résiste à la tribulation par la puissance qui agit en lui.

Leçon 8 - L'Esperance de la vie cachée.

Textes de base: Lu.16 :25 ; Ro.8 :39 ; 10 :9 ; 1Co.5:19;
Ph.1 :21 ; Col.3 :1-27 ; 3 :12 ; 2Ti.3 :12 ; 1Jn.2 :15 ;
Texte d'appui : Col.1 :24-27
Texte d'or : Quand Christ, votre vie, paraîtra, alors
vous paraîtrez aussi avec lui dans la gloire. Col.3 :4
Méthodes : Discours, comparaisons, questions
But : Montrer que le chrétien n'a rien à envier au sort
de ce monde.

Introduction
Qu'il est difficile pour un chrétien de vivre dans
l'anonymat alors que Jésus lui demande « d'aller par
tout le monde ? Comment le chrétien doit-il vivre ?

I. **Il doit se cacher en Christ pendant toute sa
vie terrestre.** Col.3 :3
Il doit refuser les avantages et les plaisirs de ce
monde et vivre dans l'espoir de la gloire à venir.
Col.1 :27 ; 1Jn.2 :15

II. **Il doit témoigner devant les hommes de sa
relation avec Christ.** Ro.10 :9
« Quand Christ, sa vie paraitra, c'est alors qu'il
paraitra aussi avec lui dans la gloire ». Col.3 : 4

III. **Puisque sa vie est conditionnée et contrôlée
par Jésus-Christ,**
1. Il va connaitre toutes sortes de privations et
de souffrances. Malgré tout, il ne peut vivre et
agir en dehors de Christ. 2Ti.3 : 12

2. Il est limité à ce qui plait à Dieu et doit rejeter ce qui lui déplait. Rien ne pourra le séparer de Christ. Ro. 8 : 39
3. Paul dira : « Christ est ma vie ». Christ m'a saisi. Ph.1 :21 ; 3 :12b
Il croit fermement en une vie meilleure dans l'au-delà. 1Co. 15 :19
4. C'est pourquoi, il ne reçoit pas tous ses biens pendant sa vie. Au contraire, il fait des réserves. Lu.16 :25

Conclusion

Ayant donc cette espérance, montrons aux païens la grandeur de notre foi par notre endurance dans l'épreuve et par le témoignage que nous rendons à Dieu pour sa bonté et sa miséricorde éternelles.

Questions

1. Quand le chrétien doit-il sortir de sa cachette ? Quand Christ l'envoie pour témoigner devant les hommes.

2. Comment va-t-il fonctionner puisque sa vie est conditionnée et contrôlée par Jésus-Christ ?
   a. Il va connaitre toutes sortes de privations et de souffrances.
   b. Il est limité à ce qui plait à Dieu et doit rejeter ce qui lui déplait sans pour autant se séparer de Christ.
   c. Il fait des réserves pour l'au-delà. Lu.16

3. Citez deux superbes expressions de Paul
   a. Christ est ma vie
   b. Christ m'a saisi

4. Vrai ou faux
   a. Pour servir Christ on doit rester sans boire ni manger trois jours par semaine. __ V __ F
   b. Le vrai chrétien n'a pas honte de témoigner pour Christ. __V __F
   c. Pour aller au ciel, on doit vendre tous ses biens et les distribuer aux pauvres. __ V __ F
   d. Pour aller au ciel, on doit avoir un GPS dans le cercueil. __V __F
   e. Pour aller au ciel, on doit accepter que Jésus soit le seul chemin. __ V _ F

Leçon 9 - La protection dans la vie cachée

Textes de base : Ps.23 :6 ; 46 :2 ; 91 :1 ; 121 : 5-8 ;
139 :5 ; Pr.3 :26 ; Es.49 :16 ; 54 : 17 ; Jn.7 :30 ;
Ac.13 :21-22 ; Ro.5 :6
Texte d'appui : Ps.121 :1-8
Texte d'or : Celui qui demeure sous l'abri du Très Haut
Repose à l'ombre du Tout Puissant. Ps.91 :1
Méthodes : Discours, comparaisons, questions
But : Montrer que Dieu ne négocie pas notre vie avec
personne

Introduction
Nul ne peut vivre une vie cachée s'il n'est logé à la
même adresse que Jésus-Christ. Ceux qui en ont fait
l'expérience peuvent vous en dire long.

I. Que pourrait vous en dire un David ?
1. C'était en vain que Saul dépensa toute son
   énergie pendant 40 ans pour me tuer.
   Ac.13 :21-22
   Il lui faudrait me chercher à l'ombre du Tout-
   Puissant ; c'est là mon adresse permanente.
   Ps.23 : 6 ; 91 :1
2. Ma vie est entourée par derrière et par-devant et
   l'Eternel mit sa main sur moi. Ps. 139 :5.
3. L'Eternel est celui qui me garde. L'Eternel est
   mon ombre à ma main droite. Il me gardera de
   tout mal. Il gardera mon âme. Il veillera à mes
   entrées et sorties. Ps.121 : 5-8
4. Dieu est pour moi un refuge, un appui, un
   secours infaillible dans la détresse. P.46 :2

II. Que pourraient vous en dire les prophètes ?

1. Toute arme forgée contre nous sera sans effet. Es.54 :17
2. Nous ne redoutons ni une terreur soudaine, ni une attaque de la part des méchants ; car l'Eternel sera notre assurance et il préservera nos pieds de toute embûche. Pr.3 :26
3. Voici, je t'ai gravé sur mes mains, dit l'Eternel. Es.49 :16
4. La mort viendra certainement à son heure mais pas avant. Jn.7 :30
    Christ au temps marqué, est mort pour les impies. Ro. 5 :6

Conclusion

Rien n'arrive par hasard dans la vie du chrétien. Dieu a tout programmé d'avance. Vivez à son ombre.

Questions

1. Pourquoi Saul ne pouvait-il trouver David ?
   Parce que Dieu seul le protégeait.

2. Que pouvaient vous dire les prophètes sur la protection de Dieu ?
   a. Toute arme forgée contre nous sera sans effet.
   b. Nous ne redoutons aucune attaque soudaine
   c. Dieu nous a gravés sur sa main.
   d. La mort viendra certainement mais seulement à son heure.

3. Trouvez la vraie réponse
   a. David payait des défectifs pour le protéger.
   b. David se confiait totalement en l'Eternel pour sa protection.
   c. David savait courir plus vite que Saul pour se cacher.

4. Vrai ou faux
   Le gouvernement peut vous protéger au jour de la mort. __ V__F
   Seul Christ peut garantir une vie cachée. __V_F

Leçon 10 - Les assauts du malin à la vie cachée.

Textes de base : Mt. 4 :10 ; 6 :13 ; 26 :41 ; Lu.10 : 40-42 ; Ac.24 :16 ; Ro.12 :2 ; 1Co.10 :13 ; 1Ti.5 :8 ; 2Ti.4 :10 ; 1Jn.2 :16-17 ; 1Pi.2 :11 ; Jude 24
Texte d'appui : 1Pi.5 :1-9
Texte d'or : Soyez sobres, veillez. Votre adversaire, le diable, rôde comme un lion rugissant, cherchant qui il dévorera.1Pi.5 :8
Méthodes : Discours, comparaisons, questions
But : Avertir les chrétiens sur les ruses du diable.

Introduction
Combien est grande la victoire du malin quand il arrive à séduire un chrétien ? Comment y parvient-il ?

I. **Par les convoitises charnelles qui font la guerre à l'âme.** 1Pi. 2 :11
    Satan passe par notre corps pour atteindre notre âme. Comment ?
    1. Par le surmenage dans des activités même religieuses pour nous empêcher de prier. Mt.26 :41 ; Lu.10 :40-42
    2. Par la vanité de la dernière mode pour satisfaire notre chair. Ro. 12 : 2 ; 2Ti.4 :10
        Nous dépensons pour notre corps ce que nous ne voudrions jamais dépenser pour notre âme. 1Jn.2 : 16-17
    3. Par la négligence de notre famille
        Le public nous connait comme Bon leader, aux dépens des membres de notre famille. 1Ti.5 :8

II. La riposte à l'assaut du malin

1. *Dieu passe par notre esprit pour éclairer notre âme.* Il met en nous la conscience comme un juge intérieur pour sanctionner nos faits et nos gestes. Ac.24 :16

2. Nous pourrons chasser Satan grâce à la persévérance dans la prière. Mt. 4 : 10 ; 6 :13

3. Le Seigneur interviendra pour nous préserver de toute chute. Jude 24

4. Dieu ne permettra pas que nous soyons tentés au-delà de nos forces. Il fait provision pour notre délivrance du malin. 1Co.10 : 13

Conclusion

Remettez vos combats à Jésus. Quant à vous, coopérez par vos louanges. L'accusateur de nos frères ne pourra tenir.

Questions

1. Qui se réjouit de nos chutes ? Satan

Quels sont ses trucs pour nous induire dans le mal ?
  a. Les convoitises charnelles
  b. Le surmenage physique et mental
  c. La vanité des modes
  d. Les excès dans le boire et el manger
  e. La négligence de notre famille au profit de la société

3. Qu'est-ce-que Dieu fait pour nous en épargner ?
  a. Dieu passe par notre esprit pour éclairer notre âme.
  b. Il met en nous la conscience comme un juge intérieur pour éclairer nos décisions.
  c. Il nous donne la prière comme un lien efficace pour le toucher.
  d. Il nous préserve de toute chute.
  e. Il ne permettra pas que nous soyons tentés au-delà de nos forces.
  f. Il pourvoit à notre délivrance du malin.

Leçon 11 - L'épreuve de qualification
dans la vie cachée

Textes de base : Jn.6 :51 ; 14 :6 ; 15 :7 ; Ep.2 :10
Texte d'appui : Ep.2 :1-10
Texte d'or : Il nous a sauvés, non à cause des œuvres de justice que nous aurions faites, mais selon sa miséricorde, par le baptême de la régénération et le renouvellement du Saint-Esprit. Ti.3 :5
Méthodes : Discours, comparaisons, questions
But : Montrer que seul Jésus peut nous qualifier pour le ciel.

Introduction
La vie est un combat dont le ciel est le prix dit-on ? Est-ce vrai ? Nos œuvres vont-elles nous sauver ? Laissons parler le Seigneur.

I. Comment peut-on être qualifié pour le ciel ?

1. Pour répondre à cette question, nous allons interroger un banquier :
    Quand vous sollicitez un prêt à la Banque pour une affaire quelconque, les règles fondamentales sont évoquées pour établir votre qualification.
    a. Etes-vous un client de cette banque ? Si oui, avez-vous un bon crédit ? Avez-vous un bon emploi ? Sinon, avez-vous un cosignataire valable ?
    b. Avez-vous des biens légitimement acquis ?
    c. Après toutes ses investigations, la Banque vous accordera le prêt en proportion de vos garanties.

II. De même, pour être qualifié pour le ciel, il faut

1. Connaitre Jésus-Christ comme Seigneur et Sauveur. Le salut est par la foi et non par les œuvres. Ep. 2 :10

2. Il faut demeurer en lui et qu'il demeure aussi en vous pour augmenter votre crédit (foi). Jn.15 :7

   Pour votre salut, Jésus était le seul à signer l'acte de rédemption avec son sang sur le bois du Calvaire. Jn.6 : 51 ; 14 :6

   Pour les choses matérielles :

   a. Dieu vous donne des épreuves en proportion des bénédictions qu'il va vous accorder (qualification)

   b. Si vous n'êtes pas qualifié, Jésus va vous qualifier comme cosignataire devant le Père, c'est-à-dire que vous allez présenter vos prières à Dieu au nom de Jésus-Christ.

   c. Si vous n'êtes pas digne du tout, il fera un décaissement pour vous dans le coffre-fort de sa miséricorde.

Conclusion

Restez caché en Jésus.

Questions

1. Comment est-on qualifié pour un prêt à la Banque ?
    On considère votre crédit, votre emploi ou votre avoir.

2. Qu'arrive-t-il si ces conditions ne sont pas remplies ?
    Votre demande sera rejetée à moins d'avoir un cosignataire compétent.

3. Qui est qualifié pour le ciel ? Personne

4. Nos œuvres peuvent-elles nous qualifier ? Non

5. Qui peut nous qualifier comment et pourquoi ?
    a. Jésus seul peut nous qualifier.
    b. Lui seul est digne devant son Père.
    c. Lui seul a payé le prix de notre salut.
    d. Il nous aime.

Leçon 12 - La finalité de la vie cachée

Textes de base : Lu.15 :32 ; Jn.14 :3 ; Ro.8 :9 ; 2Co.5 :2-3, 17 ; Ep.1 :20-21 ; Ph.3 :21 ; Co.3 :1-3 ;1Jn.3 :2 ; Ap.21 :4
Texte d'appui : 1Jn.3 :1-3
Texte d'or : Bien-aimés, nous sommes maintenant enfants de Dieu, et ce que nous serons n'a pas encore été manifesté ; mais nous savons que, lorsque cela sera manifesté, nous serons semblables à lui, parce que nous le verrons tel qu'il est. 1Jn.3 :2
Méthodes : Discours, comparaisons, questions
But : Montrer les récompenses à obtenir à cause de la vie cachée.

Introduction
La promotion dans la vie cachée, voilà notre attente du futur. Comment le sera-t-elle ?

I. Dieu nous habille maintenant du manteau de sa grâce et de sa justice Lu.15 :32
C'est le symbole du pardon sans condition.
1. Dans une première étape, Il opère en nous le miracle de changement : notre salut est actuel et définitif. Notre sanctification est graduelle. Au fur et à mesure que nous nous livrons à Christ, il nous dépouille du vieil homme et nous porte à vivre et agir comme lui. 2Co.5 :17
2. Dans une deuxième étape, notre corps actuel sera changé au corps glorieux de sa gloire. Ph.3 :21
3. Notre habillement complet est entre les mains de Christ pour le jour du mariage dans le ciel. 2Co.5 : 2-3

4. Dans une troisième étape, nous serons assis à ses côtés selon sa promesse. Jn.14 :3
5. Il nous mettra au-dessus de toute domination, de toute autorité. Ep.1 :20-21
6. Nous partagerons sa gloire et recevrons avec lui les louanges des séraphins dans la ville d'or. Ep.1 :20-21

II. Nous parviendrons à la perfection quand la gloire de Christ apparaitra. Col.3 :3
1. Nous serons semblables à lui parce que nous le verrons tel qu'il est. 1Jn.3 :2
2. Notre souffrance prendra fin. Ap. 21 : 4
3. La création sera satisfaite à la révélation des fils de Dieu de la nouvelle génération. Ro. 8 :19

Conclusion
Etes-vous enfant de la nouvelle génération ?

Questions

1. Quelle est l'attente des chrétiens dans la vie cachée ?
   La promotion avec Christ
2. Que veut dire le manteau de grâce et de justice ?
   Le pardon inconditionnel du Dieu d'amour
3. Quelle est la première étape dans la vie du chrétien ?
   a. Le miracle de changement par la conversion pour un salut actuel et définitif.
   b. La sanctification est graduelle. Au fur et à mesure Dieu nous dépouille du vieil homme et nous porte à vivre et agir comme lui.
4. Quelle en est la deuxième étape ?
   Christ nous change et nous revêt de notre domicile céleste
5. Quelle en est la troisième étape ?
   Nous partagerons sa gloire dans la ville d'or au milieu des louanges

RECAPITULATION DES VERSETS

1. Car le Fils de l'homme est venu chercher et sauver ce qui était perdu. Lu.19 :10

2. Tel est le terrestre, tels sont aussi les terrestres ; et tel est le céleste, tels sont aussi les célestes. 1Co.15 :48

3. C'est avec jalousie que Dieu chérit l'Esprit qu'il a fait habiter en nous. Ja. 4 :5

4. En ce temps-là, Jésus prit la parole, et dit : Je te loue, Père, Seigneur du ciel et de la terre, de ce que tu as caché ces choses aux sages et aux intelligents, et de ce que tu les as révélées aux enfants. Mat.11 :25

5. : Nous savons que nous sommes passés de la mort à la vie, parce que nous aimons les frères. Celui qui n'aime pas demeure dans la mort.1Jn.3 :14

6. Car vous êtes morts, et votre vie est cachée avec Christ en Dieu. Quand Christ, votre vie, paraîtra, alors vous paraîtrez aussi avec lui dans la gloire. Col.3 :3-4

7. Or, à celui qui peut faire, par la puissance qui agit en nous, infiniment au-delà de tout ce que nous demandons ou pensons, à lui soit la gloire dans l'Église et en Jésus Christ, dans toutes les générations, aux siècles des siècles! Amen! Ep.3 :20-21

8. Quand Christ, votre vie, paraîtra, alors vous paraîtrez aussi avec lui dans la gloire. Col.3 :4

9. Celui qui demeure sous l'abri du Très Haut Repose à l'ombre du Tout Puissant. Ps.91 :1

10.Soyez sobres, veillez. Votre adversaire, le diable, rôde comme un lion rugissant, cherchant qui il dévorera.1Pi.5 :8

11.Il nous a sauvés, non à cause des œuvres de justice que nous aurions faites, mais selon sa miséricorde, par le baptême de la régénération et le renouvellement du Saint-Esprit. Ti.3 :5

12.Bien-aimés, nous sommes maintenant enfants de Dieu, et ce que nous serons n'a pas encore été manifesté ; mais nous savons que, lorsque cela sera manifesté, nous serons semblables à lui, parce que nous le verrons tel qu'il est. 1Jn.3 :2

Feuille d'évaluation

1. Quelle partie de ces 12 leçons vous a le plus touché ?

   a. Pour vous-même ? _____

   b. Pour votre famille _____

   c. Pour votre Eglise ? _____

   d. Pour votre pays ? _____

   e. Quelle est votre décision immédiatement après la classe ?

   _____

   f. Quelles sont vos suggestions pour l'Ecole du Dimanche :

   a._____

   b._____

   c._____

   g. Questions purement personnelles :

   1) Quelle est ma contribution pour le développement de cette Eglise ? _____

   2) Quel effort ai-je fait jusqu'ici pour améliorer sa condition ? _____

   3) Si Jésus vient maintenant, sera-t-il fier de mes œuvres ? _____

TORCHE MIROBOLANTE

17- SERIE 4

POURQUOI CHERCHEZ-VOUS A METTRE DIEU EN RETARD ?

Révérend Renaut Pierre-Louis

Avant-propos
L'homme peut-il retarder le plan de Dieu ? N'est-il pas
le maitre souverain des ouvrages que sa main pour sa
gloire a voulu faire ? N'est-il pas vrai que la voie de
l'homme n'est pas en son pouvoir et que ce n'est pas à
l'homme quand il marche à diriger ses pas ? Jer.10 :23
Que tous sachent, dès aujourd'hui, que Dieu n'est pas
intimidé par les caprices de l'homme, que toute action
menée en dehors de sa volonté est péchée et avec tout
ce qu'elle comporte de conséquences.

Révérend Renaut Pierre-Louis

Leçon 1 - Le retard de Dieu causé
par notre anticipation

Textes de base : Ge.12 :1-20 ; 14 :17-24 ; 15 :1-6 ;
16 :1-16
Texte d'appui : Ge.16 :1-12
Texte d'or : Il est bon d'attendre en silence le secours
de l'Eternel. La. 3 :26
Méthodes : Discours, comparaisons, questions
But : Montrer que Dieu ne fait jamais d'erreur et qu'il
n'est jamais en retard.

Introduction
Savez-vous que les promesses de Dieu sont certaines
mais ne sont pas à date certaine ? Prenons un exemple

I. Abraham
1. Il était un païen originaire d'Ur de Chaldée en
   Babylone. Par une révélation divine, il quitta son
   pays accompagné de sa femme et de Lot
   son neveu à destination inconnue. Ge. 12 :1-4

II. Les promesses de Dieu   Ge. 12 : 2-3
1. Il le rendra grand.
2. Il fera de lui une grande nation.
3. Il sera une source de bénédiction pour toutes
   les nations sur la terre.
4. Malheur à ceux qui maudissent Abraham !

III. Quelle était l'attitude d'Abraham à l'égard de
ces promesses ?
1. Il bénit Dieu d'abord : Dès son arrivée au lieu
   indiqué, il lui bâtit un autel. Ge.12 :8

2. Cependant, il descendit en Egypte sans consulter Dieu. Cette décision eut pour conséquence l'enlèvement de Sara récupérée seulement par une intervention divine. Ge.12 : 10-19

4. Il donna à Dieu la dîme de tout. A son tour, Dieu lui donna des richesses avant de lui donner un héritier. Ge.14 :20 ; 15 :4-5

IV. La faute d'Abraham

1. Dans son impatience, Il écouta la voix sa femme qui lui demandait de lui faire avoir un enfant par sa servante Agar, une Egyptienne. Voilà comment est né Ismaël, le père des arabes. Ge.16 : 1-4,16

2. Comme conséquences :
   a. Il devait attendre treize ans après la naissance d'Ismaël avant d'avoir de Sara Isaac, l'enfant de la promesse. Ge.16 : 16. 17 : 24-25
   b. L'humanité paie cher ce sursaut d'impatience d'Abraham : Il donne naissance à une lutte perpétuelle entre les Arabes et Israël.

Conclusion

L'anticipation d'Abraham a gardé pour des siècles le feu de la guerre allumé au Moyen Orient. Allez-vous attendre en silence le secours de l'Eternel ?

Questions

1. Qui était Abraham ? Un païen originaire d'Ur de Chaldée en Babylone.

2. Qui l'accompagna dans son voyage ? Sara sa femme et Lot son neveu

3. Quelle était sa destination ? Seulement le lieu que Dieu lui montrera.

4. Quel était le plus grand incident dans ce voyage ? Sara fut enlevée par le roi d'Egypte.

5. Quel était son premier geste sur la Terre Promise ? Il bâtit un autel à Dieu.

6. A son tour qu'est-ce que Dieu lui promet ? Un héritier et des richesses.

7. Comment a-t-il retardé le plan de Dieu ? Il s'empressa d'avoir un enfant de sa servante au lieu d'attendre l'Eternel.

8. Combien de temps devait-il attendre pour avoir l'héritier légitime ? Treize ans

Leçon 2 - Le retard de Dieu causé par notre ténacité

Textes de base : Ge.6 :30 ; Ex. 3 :11 ; 4 :1-13 ; 5 :23 ; 6 :12-30 ;7 :7 ; No.14 :34
Texte d'appui : Ex.4 : 10-17
Texte d'or : Ah ! Seigneur, envoie qui tu voudras envoyer. Ex.4 :13
Méthodes : Discours, comparaisons, questions
But : Montrer que nul ne peut contrecarrer la volonté souveraine de Dieu.

Introduction
Voilà Moise un transfuge dans le Désert du Sinaï. C'est là que Dieu le rencontra et lui ordonna de retourner en Egypte pour libérer son peuple. Comment va-t-il réagir à cette décision ?

I. Pendant quarante ans, il résista à l'ordre de l'Eternel en lui opposant sept excuses. Ex.4 :10
1. Qui suis-je pour aller vers Pharaon, et libérer les enfants d'Israël ? Ex. 3 : 11
2. Voici, ils ne me croiront point et ils n'écouteront point ma voix. Mais ils diront l'Eternel ne t'est point apparu. Ex.4 :1
3. Je n'ai pas la parole facile… et ce n'est ni d'hier ni d'avant-hier, ni même depuis que tu parles à ton serviteur ; car j'ai la bouche et la langue embarrassées. Ex.4 : 10
4. Ah ! Seigneur, envoie qui tu voudras envoyer. Ex.4 :13
5. Depuis que je suis allé vers Pharaon en ton nom, rien n'a marché. Ex.5 :23
6. Voici, j'ai des obstacles partout. Ex.6 :12

7. Je n'ai pas la parole facile, comment pharaon m'écouterait-il ? Ex. 6 :30

Comme conséquences :

a. Il passa quarante ans dans le Désert pour apprendre à se décider. Maintenant qu'il est âgé de quatre-vingts ans, Il va se présenter enfin devant pharaon. Ex. 7 :7

b. Il passera encore quarante ans dans le Désert à conduire le peuple d'Israël et à maitriser deux livres : Exode et Lévitique. Ex.7 :7

c. De son coté, Israël fera en quarante ans le trajet qu'il aurait dû parcourir en quarante jours. No.14 :34

Conclusion

Votre désobéissance ne fatigue pas Dieu. Elle ne fait que prolonger la période de votre punition et retarder vos bénédictions. Allez-vous cesser vos arguments et dire humblement : Seigneur que ta volonté soit faite ?

Questions

1. Quel était l'ordre de Dieu donné à Moise au pied du Sinaï ?
   Il devait retourner en Egypte pour libérer Israël.

2. Quelle était sa réaction ? Il y opposa sept excuses.

3. Citez-en quatre
   a. Qui suis-je pour aller vers Pharaon, et libérer les enfants d'Israël ?
   b. Voici, ils ne me croiront point et ils n'écouteront point ma voix.
   c. Je n'ai pas la parole facile. J'ai la bouche et la langue embarrassée.
   d. Ah ! Seigneur, envoie qui tu voudras envoyer.

4. Combien de temps s'est-il écoulé ? Quarante ans

5. Quel âge avait Moise quand il était venu dans le Désert du Sinaï ? Quarante ans

6. Quel âge avait-il quand il se présenta devant Pharaon ? Quatre-vingts ans

7. Combien d'année passa-t-il avec Israël dans le Désert ? Quarante ans

8. Qu'arriva-t-il à Israël à cause de son incrédulité ?
   Il fit en quarante ans de retard ce qu'il pouvait faire en 40 jours.

Leçon 3 - Le retard de Dieu causé par notre insouciance

Textes de base : Ge. 33 :9-17 ; 36 :8-12 ; Ex.12 :40 ; 17 : 8-16 ; De. 25 : 17-19
Texte d'appui : De.25 :17-19
Texte d'or : Craignons donc, tandis que la promesse d'entrer dans son repos subsiste encore, qu'aucun de vous ne paraisse être venu trop tard. He.4 :1
Méthodes : Discours, comparaisons, questions
But : Exhorter les chrétiens à fuir toute négligence

Introduction
Enfants d'Israël, Amalek vous attaque ! Réveillez-vous !

I. Qui est Amalek ?
1. Amalek est le fils d'Ésaü ou Edom, un neveu de Jacob. Ge.36 : 8, 12
2. Esaü et Jacob n'étaient jamais réconciliés. Leur haine va de père en fils. Ge.33 : 12-17

II. L'attaque d'Amalek Ex.17 :8--9
1. Une attaque préméditée : Il vint surprendre les enfants d'Israël à l'improviste après 430 ans de séparation. Ex.12 :40.

III. La stratégie d'Amalek
1. Attaquer les gens fatigués, épuisés. De.25 :18
2. Les attaquer par derrière, ceux qui se trainaient les derniers. Qui étaient-ils. De. 25 : 18
   a. Les bergers protégeant les agnelets qu'on ne peut forcer dans une longue marche au risque de les perdre. Ge.33 :12
   b. Les femmes enceintes et les malades

c. Les vieillards, les paresseux et les lourdauds

d. Les gens à caractère difficile qui rebellent juste pour se faire remarquer.

IV. A qui ressemblent-ils dans nos Eglises ?

1. Aux frères imperméables aux exhortations.
2. Ceux qui excusent toujours leur péché préféré. « C'est mon tempérament. Dieu m'a fait comme ça. Et pourquoi ne pas parler à frère Untel de préférence ? »
3. Ceux qui viennent à l'Eglise quand ils veulent, mais qui se plaignent qu'on ne les visite pas.
4. Ils s'absentent dans les réunions de jeûne et de prière et contribuent peu ou presque pas. Ils occupent le banc en arrière pour critiquer, pour jaser et troubler le service et laissent le temple avant le prononcé de la bénédiction.

   Ces gens mettent l'œuvre de Dieu en retard à tous les points de vue.

Conclusion

Dieu vous attend. Dépêchez-vous !

Questions

1. Qui est Amalek ? Fils d'Edom et neveu de Jacob

2. Pourquoi vient-il attaquer Israël après 430 de
   séparation ?
   Pour assouvir une haine ancestrale qui n'était
   jamais éteinte.

3. Quelle était la stratégie d'Amalek ?
   a. Attaquer les gens fatigués et épuisés
   b. Attaquer Israël dans les gens qui trainent par
      derrière,
   c. Les femmes enceintes, les vieillards, les
      lourdauds et les récalcitrants.

4. Citez des gens semblables dans nos Eglises
   Les incrédules, les moqueurs, les rebelles.

5. Comment va une telle Eglise ? En retard

Leçon 4 - Le retard de Dieu causé par notre décadence spirituelle

Textes de base : Es.61 :7 ; Lu.6 : 20-39 ; Ac.19 :36 ; Ep.5 :16

Texte d'appui : Lu.6 :20-30

Texte d'or : Heureux serez-vous, lorsque les hommes vous haïront, lorsqu'on vous chassera, vous outragera, et qu'on rejettera votre nom comme infâme, à cause du Fils de l'homme ! Lu.6 :22

Méthodes : Discours, comparaisons, questions

But : Activer chez les enfants de Dieu le sens de la grandeur et de la dignité

Introduction

Toutes les fois que nous voulons riposter, nous ne faisons que retarder nos bénédictions. Ecoutons Luc :

I. Acceptez les injures Lu.6 :20-29

1. On ne vous apprécie pas ; on vous hait ;
   a. On vous outrage ; on vous chasse ;
   b. On vous diffame ; et tout cela à cause de moi !
2. Pourtant, *si vous prenez ces épreuves comme un examen de passage,* Dieu va les convertir en or et les déposer dans votre compte d'épargne à la banque de Dieu dans ls ciel.

   A ce moment, Dieu vous donnera une portion double. Es.61 :7
   a. D'abord, Dieu vous donnera les bénédictions qui devraient **leur** revenir. Es.61 :6
   c. Vous aurez ensuite ce que Dieu lui-même vous réserve dans le ciel, la gloire éternelle. Es.61 :7 ; Lu.6 :23

II. D'où vient notre retard ? Mt.6 :1

1. Quand nous recherchons notre propre justice.
2. Quand nous défendons notre personnalité.
   a. Nous nous créons des ennemis et des ennuis pour rien.
   b. Nous perdons nos meilleurs associés pour rien.
   c. Nous perdons notre temps à entendre des commérages sur nous. Ep.5 :16
   d. Nous perdons notre joie, notre sommeil, notre appétit pour rien.
   e. Et nous avons des cauchemars la nuit pour rien.
   f. Nous gesticulons même au volant de la voiture ou au bureau. Ac.19 : 36
   g. La tension peut nous monter à la tête.
   h. Le Saint Esprit s'écarte de nous et nous retardons ainsi les bénédictions du Seigneur.
   i. Nous perdons beaucoup de temps avant d'obéir à Dieu. Nous le mettons en retard !

Conclusion

Le travail que Dieu nous confie est trop sérieux. Fuyez tout bavardage.

Questions

1. D'après cette leçon, quand mettons-nous Dieu en retard ?
   Quand nous lui résistons au lieu de lui obéir.

2. Que nous suggère Saint Luc ?
   Accepter les injures qu'on nous fait.

3. Que représentent ces injures ?
   De l'or que nos ennemis déposent à notre compte d'Epargne à la Banque de Dieu sans le savoir.

4. Qu'allons-nous trouver dans ce compte ?
   a. Un transfert de leurs bénédictions à notre compte
   b. Une augmentation du Seigneur lui-même pour nous récompenser.

5. D'où vient notre retard ?
   a. Quand nous recherchons notre propre justice.
   b. Quand nous défendons notre personnalité.

6. Citez-nous quatre causes de retard.
   a. Nous nous créons des ennemis et des ennuis pour rien.
   b. Nous perdons nos meilleurs associés pour rien.
   c. Nous perdons notre temps à entendre des commérages sur nous.
   d. Le Saint Esprit s'écarte de nous et nous retardons ainsi les bénédictions du Seigneur.

Leçon 5 - Le retard de Dieu causé
par notre cupidité

Textes de base : Lu.6 :30-35 ; Col.3 :1-3 ; He.10 : 34 ;
12 :11
Texte d'appui : Lu.6 : 30-35
Texte d'or : Affectionnez-vous aux choses d'en haut,
et non à celles qui sont sur la terre. Col.3 :2
Méthodes : Discours, comparaisons, questions
But : Converger nos regards vers le ciel, notre
destination finale

Introduction
Savez-vous que la cupidité peut ralentir notre course
vers le ciel ? Et comment Dieu va-t-il réagir en face de
cette attitude ?

I. Par l'enlèvement de nos biens. He.10 :34
1. Dieu peut permettre aux brigands de nous enlever
   nos biens par la violence ou par la ruse et nous
   demander en même temps de ne pas résister aux
   méchants. Pourquoi ?
   a. Parce que le méchant voit nos biens à escamoter
      et non notre vie à protéger. Mt.6 :20
   c. Parce que Christ nous réserve les choses les
      meilleures. He.11 :40
   d. Parce que le méchant croit nous piller, pourtant
      il ne fait que transférer nos biens à notre compte
      d'épargne à la Banque de Dieu sans le savoir.
      Faisons confiance à Dieu notre banquier.
   e. C'est pourquoi il nous dit : « Prêtez sans rien
      espérer » car votre récompense sera grande.
      Lu.6 :35

II. Les vraies raisons de cette attitude

1. Certains gens gardent pour jamais ce qu'ils empruntent. Ils vivront sans dignité et ne pourront jouir des biens mal acquis toute leur vie. Ps.37 :21

2. Nous devons leur prouver qu'en tant que fils du Très-Haut, nos richesses sont si grandes que ces pertes sont insignifiantes. Notre vrai trésor est là-haut car notre vie est cachée avec Christ en Dieu. Col.3 :1-3

4. Sachez que Dieu peut aussi employer ce moyen pour nous débarrasser des biens dont l'usage peut nous mettre en retard dans son service.

Conclusion

C'est difficile d'accepter un châtiment ; mais faisons confiance à notre Père. Croyez-moi, vous en jouirez les fruits. He. 12 : 11

Questions

1. Qu'est-ce-qui ralentit d'ordinaire notre course vers le ciel ? L'amour de l'argent

2. Qu'est-ce-que Dieu fait parfois pour nous alléger ?
   a. Il permet aux brigands de nous escamoter.
   b. En même temps, Il nous demande de ne pas résister aux méchants.

3. Qu'est-ce-que le Seigneur a-t-il en vue ?
   a. Que le méchant n'aura pas le droit de toucher à notre vie
   b. Que le Seigneur réserve pour nous les choses les meilleures.
   c. Croyant nous piller, Dieu a fait de lui notre agent de transfert.

4. Quelles sont les vraies raisons de cette attitude ?
   a. Prouver aux gens sans dignité que nous sommes les fils de Dieu
   b. Leur prouver que notre vrai trésor est là-haut.
   c. Montrer que Dieu veut nous débarrasser des biens dont l'usage peut nous mettre en retard dans son service.

Leçon 6 - Le retard de Dieu causé par le retenu de la dîme

Textes de base : Ge.28 :17-22 ; Jo.1 :8 ; Ps.1 :1-6 ; Pr.29 :15 ; Es.16 :10 ; Mal. 3 : 7-11 ; Mt.12 :30 ; 1Co.6 :19-20 ; Ja.4 :1-4

Texte d'appui : Mal.3 :7-11

Texte d'or : Apportez à la maison du trésor toutes les dîmes, Afin qu'il y ait de la nourriture dans ma maison ; Mettez-moi de la sorte à l'épreuve, Dit l'Éternel des armées. Et vous verrez si je n'ouvre pas pour vous les écluses des cieux, Si je ne répands pas sur vous la bénédiction en abondance. Mal.3 :10

Méthodes : Discours, comparaisons, questions

But : Rappeler aux chrétiens leurs redevances au Dieu qui a tout donné.

Introduction

Dieu nous prend comme ses associés. Nous sommes les gérants de notre personne et de nos biens. D'où vient-il que nous gardions la dîme, la part légitime de Dieu?

I. Ce que la dîme représente

1. C'est la dette contractée envers Dieu par tous les occupants de la planète.

    a. Le corps avec toutes ses fonctions et l'esprit qui l'anime, sont les propriétés de Dieu. Nous n'en sommes que de simples locataires. 1Co.6 :20

    b. Vous utilisez son matériel. Vous devez donc lui payer le droit d'usage.

Autrement, il peut sans préavis vous enlever le sommeil, l'appétit, l'intelligence, la santé, et même votre vie. Lu.12 : 20-21

2. C'est la dixième partie de votre avoir, de vos recettes et de votre temps qu'il faut lui remettre. Le.27 :30-34 ; Mt.22 :21

II. Ce que Dieu en fait

1. Il la convertit en bénédictions pour vous, votre famille et votre Eglise. Mal.3 :10
2. Il peut vous la reprendre avec fracas.
   Comment ?
   a. Par des prières sans réponse. Ja.4 :1-3
   b. De la maladie incurable. Jo.1 :8
   c. Des titres sans fortune ni succès. Agg.1 :9
   d. Des batailles sans victoire. Ps.1 :3
   e. Un mariage malheureux. Ja.4 :3
   f. Des avortements répétés. Ose.9 :14
   g. L'éducation d'enfants indignes. Pr.29 :15
   h. Toujours des pertes, jamais de bénéfice. Mt.12 :30
   i. Enfin par le dégout de la vie. Es.16 :10
3. Il peut vous exiger le paiement !
   Cette contrainte arrive quand vous affrontez la mort. Elle vous fait peur et alors vous rejetez vos faux raisonnements pour négocier le paiement de la dîme avec le Seigneur. Ge.28 :17-22

Conclusion

Il n'est pas dans notre intérêt de retarder les bénédictions de Dieu. Dès aujourd'hui, soyons fidèles à payer nos dîmes.

Questions

1. A qui appartient la dîme ? A Dieu

2. Que représente-t-elle ?
    a. Une dette envers Dieu pour le droit d'usage que nous avons du corps, de l'âme et de l'esprit.
    b. Elle consiste en la dixième partie de nos revenus que nous rendons à Dieu.
    c. Elle consiste en la dixième partie de notre avoir, de nos recettes et de notre temps qu'il faut lui remettre.

3. Qu'arrivera-t-il à celui qui l'utilise illégitimement ? Dieu peut lui enlever les bénédictions sans préavis.

4. Comment ?
    a. Par des prières sans réponse
    b. De la maladie incurable
    c. Des titres sans fortune ni succès
    d. Des batailles sans victoire
    e. Un mariage malheureux
    f. Des avortements répétés
    g. L'éducation d'enfants indignes
    h. Du gaspillage sans droit à l'épargne
    i. Enfin par le dégout de la vie

5. Comment Dieu peut-il vous exiger le paiement de la Dîme ?
    Il peut vous menacer de mort et vous obliger à négocier le paiement de vos dîmes.

Leçon 7 - Le retard de Dieu causé par notre négligence dans l'Evangélisation

Textes de base : Je. 6 :14 ; Mt. 24 : 14 ; 28 :17-20 ; Lu. 19 : 8-10 ; Jn. 4 :16-19 ; 12 :32 ; 20 :21-22 ; Ac.13 :2 ; Ro. 2 :24 ; 2Pi.3 :9
Texte d'appui : Mt.24 :4-14
Texte d'or : Allez, faites de toutes les nations des disciples, les baptisant au nom du Père, du Fils et du Saint Esprit. Mt.28 :19
Méthodes : Discours, comparaisons, questions
But : Mobiliser les chrétiens vers l'évangélisation

Introduction

Avant son ascension, Jésus a confié aux apôtres la mission d'évangéliser la planète et il les avait investis à cette fin, de son autorité plénipotentiaire. Pourquoi tarde-t-il à venir ? Mt.28 :19-20

I. Les dispositions du Seigneur

1. Il a préparé académiquement des ouvriers recrutés dans diverses catégories. Mt.11 :28
   a. Les voleurs comme Zachée. Lu.19 : 9-10
   b. Les voleuses d'hommes comme la femme samaritaine. Jn.4 : 16-19
   c. Les simples d'esprit comme Pierre et Jean ; tous sont acceptés. Ac. 4 :13
      Car il veut s'attirer le monde entier. Jn.12 : 32
2. Il les qualifie par le Saint Esprit. Ac. 2 :38
   Les actes des apôtres sont bien les actes du Saint Esprit par les apôtres. Ac.13 :2
3. Il les investit de son autorité.

Je vous envoie avec tout le pouvoir qui m'a été donné dans le ciel et sur la terre. Mt.28 : 18 ; Jn.20 :21-22

II. L'Etendue de sa mission

1. Cette bonne nouvelle devra être annoncée dans le monde entier avant que vienne la fin. Mt.28 :19-20

    a. Pour servir de témoignage, pour que nul n'en ignore, pour que nul ne s'excuse. Mt. 24 :14

    b. Pour donner la chance aux retardataires, car il use de patience envers eux, voulant les sauver tous. 2Pi.3 :9

III. Que fait l'Eglise en ce moment ?

1. Elle s'étourdit de « Réveil » sans repentance.

3. Elle travaille pour remplir le temple de monde et augmenter ainsi les recettes. Par conséquent, elle évite les messages sur le péché, la corruption et l'abomination pour ne pas offenser certaines personnes. Je.6 :14

    Entre temps le nom de Dieu est blasphémé parmi les païens à cause du comportement des chrétiens faux ou négligents. Ro.2 :24

Conclusion

Hâtons donc le retour du Seigneur par la croisade contre le mal et par la prédication de la Bonne Nouvelle. Jésus en sera content.

Questions

1. Pourquoi Christ tarde-t-il à revenir ?
   a. A cause de notre retard dans l'Evangélisation
   b. A cause des gens qui tardent à se repentir.
   c. A cause des messagers de Dieu qui dorment.

2. Comment explique le sommeil de l'Eglise ?
   a. On organise des Réveils sans repentance.
   b. On travaille pour augmenter les recettes et non pour gagner les âmes.
   c. On cache les péchés pour ne pas offenser les gens.
   d. Entre-temps le nom de Christ est blasphémé parmi les païens à cause des chrétiens faux et négligents.

3. Qui sont les agents d'Evangélisation ? Les gens de toutes catégories sauvées par Christ.

4. Comment les prépare-t-il ? Il les qualifie par le Saint Esprit.

5. Comment devrait-on titrer le livre des Actes des apôtres ? Les Actes du Saint Esprit par les apôtres.

Leçon 8 - Le retard voulu de Jésus-Christ

Textes de base : Mt.27 : 46 ; Jn.11 :1-44 ; Ro. 5 :6 ;
1Pi. 3 : 18-22 ; Ap.12 :12
Texte d'appui : Jn.11 :1-13
Texte d'or : Lors donc qu'il eut appris que Lazare était
malade, il resta deux jours encore dans le lieu où il était.
Jn.11 : 6
Méthodes : Discours, comparaisons, questions
But : Montrer que Dieu fonctionne d'après un horaire
différent du nôtre.

Introduction

Cette fois-ci, Dieu est en retard ! Et vous voulez abuser
de ce retard ? Quand l'était-il ?

I.   **Quand Jésus apprit l'agonie de son ami
     Lazare.**
     Il ajourna son voyage de deux jours. A son
     arrivée, Lazare était enterré depuis quatre jours.
     Le but de ce retard était de montrer ses
     prérogatives divines. En effet, avec un seul mot,
     il ressuscita Lazare ! Jn.11 : 25

II. **Quand il était au Calvaire**
     Il cria : « Mon Dieu, mon Dieu, pourquoi m'as-
     tu abandonné » au moment même où tous
     m'abandonnent ? Dieu tardait parce que Jésus
     était en train de signer avec son sang l'acte de
     rédemption de l'humanité.

III. Quand il devait passer trois jours et trois nuits dans le ventre chaud de la terre.
1. Il laissa alors l'esprit des hommes en suspens.
2. Satan se croyait vainqueur. Pourtant, Jésus était dans le séjour des morts pour organiser une session juridique en vue de signifier un jugement contre les incrédules du temps de Noé. 1Pi.3 :18

IV. Les causes du retard de Dieu.
1. Jésus a son heure. Nul n'a pu mettre la main sur lui avant son heure. Lu.22 :53
2. Il a un temps marqué pour mourir. Ro.5 : 6
3. Il reviendra à son heure. Au contraire, quand Satan se voyait en retard, il en était fâché. Ap. 12 :12
   a. Voilà pourquoi, pour manifester sa colère, il provoque des destructions massives, des guerres insensées, la multiplication des produits pharmaceutiques avec plus d'effets secondaires que d'effets curatifs.
   b. Le cancer, le SIDA, l'avortement et les crimes sans nom ravagent l'humanité.

Conclusion
Si vous croyez que Dieu est en retard, consultez L'Horloge Des Signes Des Temps.

Questions

1. Quand Dieu était-il intentionnellement en retard ?
   a. A l'agonie de son ami Lazare
   b. A l'agonie de son Fils Jésus-Christ au calvaire
   c. Quand il devait passer trois jours dans la tombe.

2. Pourquoi était-il en retard dans le cas de Lazare ?
   a. Pour manifester la gloire de Dieu.
   b. Pour exemplifier sa propre résurrection dans peu de jours.
   c. Pour montrer à tous qu'il fait tout à son heure.

3. Que fit Jésus durant ses trois jours dans la tombe ?
   Il signifia son jugement aux incrédules du temps de Noé.

4. Que fit Satan quand il se voit en retard ? Il descend avec une grande colère pour détruire.

5. Dans quel domaine Satan est-il à l'œuvre ?
   Dans les ravages par le cancer, le SIDA, et les crimes.

Leçon 9 - Fête de la Reformation

Textes de base : Je.15 :16 ; Mt.28 :20 ; Mc.10 :30 ; Jn.
14 :3 ; 15 :7 ; Ro. 1 :17 ; 8 :16, 35 ; 1Co.6 :19-20 ;
2Co.5 :1-2; Ga.2 ;20; Ep.2 :1-10; Col.2 :14; 3 ;1-2;
2i.1:12 ; He.12 : 1-2
Texte d'appui : He.10 :34-39
Texte d'or : Nous, nous ne sommes pas de ceux qui
se retirent pour se perdre, mais de ceux qui ont la foi
pour sauver leur âme.He.10 :39
Méthodes : Discours, comparaisons, questions
But : Apprécier la conviction du chrétien de foi

Introduction
Le juste vivra par la foi ! C'était en 1517, le cri de
Martin Luther, le ténor de la Réformation protestante.
Ro.1 :17

I. Pourquoi le juste doit-il vivre par la foi ?
1. Parce qu'il est sauvé par grâce, par le moyen de
la foi. Ep.2 :8
2. Parce qu'il doit vivre dans la foi. Ga. 2 :20
Cette foi implique **un détachement** de sa vie
d'autrefois et un **attachement** à Jésus-Christ
dans une vie nouvelle. Jn.15 :7
3. Parce qu'il est délivré des exigences de la loi par
le sang de Jésus-Christ qui a tout effacé.
Col.2 :14
4. Parce que Jésus soutient sa foi.
a. Par sa présence permanente. Mt.28 :20
b. Par des miracles en son nom comme des
évidences chrétiennes. Ro.8 :16

II. Les résultats automatiques de cette nouvelle vie
1. Il devient esclave du Seigneur.
   1Co.6 :19-20 ; Ro.6 : 22
2. Il s'affectionne aux choses du ciel. Col.3 :1
   Il devient membre d'une autre famille Mc. 10 :30
3. Il attend sa résurrection avec un corps glorieux.
   2Co.5 : 1-2
4. Christ viendra le chercher. Jn.14 :3

III. Conséquences
Les épreuves renforcent sa conviction chrétienne.
Il dira :
1. « Je sais en qui j'ai cru. » 2Ti.1 :12
2. Rien ne pourra me détacher de Christ. Ro.8 :35
3. Il dévore la Parole de Dieu. Je.15 :16
4. Il fuira le péché et acceptera de subir des humiliations pour Christ. He.12 :4

Conclusion
Chrétiens, gardez la foi. Si les souffrances sont tout près, le ciel est bien plus près encore. Tenez fermes !

152

Questions

1. Qui, en 1517 tonna cette expression : « Le juste vivra par la foi » Martin Luther

2. Pourquoi le juste doit-il vivre par la foi ?
   a. Parce qu'il est sauvé par grâce, par le moyen de la foi.
   b. Parce qu'il doit vivre dans la foi.
   c. Parce que cette foi implique un détachement du monde pour un attachement à Jésus-Christ seul.
   d. Parce qu'il est délivré des exigences de la loi par le sang de Jésus-Christ qui a tout effacé.
   e. Parce que Jésus soutient sa foi.

3. Quels sont dans l'immédiat ce qui résulte de cette nouvelle vie ?
   a. Il devient esclave du Seigneur.
   b. Il appartient à un autre monde et ses désirs sont complètement différents.
   c. Il devient membre d'une autre famille.
   d. Il attend la résurrection d'un corps glorieux
   e. Christ viendra le chercher.

4. Expliquez la conviction du chrétien
   a. Les épreuves renforcent sa foi.
   b. Rien ne pourra le détacher de Christ.
   c. Il fuit le pécher e accepte de souffrir pour Christ.

Leçon 10 - Thanksgiving, le jour de la différence

Textes de base : De.10 :17-19 ; Mt.25 :40-46 ; 28 :20 ; Jn.10 :28 ; Ro.5 :1 ; 8 :1 ; 1Co.15 :58
Texte d'appui : Mt.25 :40-46
Texte d'or : Mais grâces soient rendues à Dieu, qui nous donne la victoire par notre Seigneur Jésus-Christ 1Co.15 :57
Méthodes : Discours, comparaisons, questions
But : Dégager le vrai esprit qui devrait animer les chrétiens dans leur fête d'actions de grâces.

Introduction
La fête d'Actions de Grâces est dénaturée avec le temps. Elle passe comme un fait divers. Comment devrait-elle être célébrée ?

I. Avec l'esprit des pères pèlerins de l'année 1620
1. Les frères Plymouth au nombre de cent-vingt ont laissé la Hollande pour les Amériques en quête de liberté religieuse.
   a. Ils étaient accueillis par les indiens desquels ils avaient appris comment s'adapter à leur nouvelle situation.
   b. Le quatrième jeudi de Novembre de l'année suivante, ils célébraient à l'Eglise leur victoire et mangeaient les fruits de leur première récolte.

II. Avec l'esprit de commisération
1. Les américains devraient se rappeler l'histoire de leurs ancêtres par un accueil plus humain aux immigrants. Mt.25 :35

      2. Ils auraient manifesté de l'amour pour les veuves, les pauvres, les orphelins et les immigrants que Dieu nous demande d'aimer sous peine de châtiment. De. 10 :17-19

      3. Et ils sauraient alors qu'au dernier jour, Dieu leur aurait réservé une place dans son royaume. Mt.25 : 40-46

III. Avec un cœur reconnaissant

Ce n'est pas la fête des Dindes et des Dindons, ni de retrouvailles d'amis, mais celle des chrétiens reconnaissants :

    1. Pour célébrer les grâces de Dieu. 1Co.15 :58

    2. Pour amnistier les réfugiés économiques

    3. Pour partager de ses biens, en servant un plat chaud aux pauvres et en leur offrant l'Evangile avec des brochures évangéliques à l'appui.

       Mt.28 :20 ; Jn.10 :28 ; Ro.5 :1 ; 8 :1

    4. Pour reconnaitre que le pays étranger n'est pas le paradis espéré. Ps.16 :11

Conclusion

Réjouissons-nous-en Jésus-Christ et célébrons cette fête chaque jour par nos témoignages et nos cris de louange au Seigneur.

Questions

1. Avec quel sentiment devrait-on célébrer le Thanksgiving ? Avec le sentiment qui animait les pères pèlerins

2. Comment ?
   a. On devrait organiser un service de louange à Dieu pour célébrer les victoires et les conquêtes au nom de Jésus.
   b. On devrait ce jour-là, mettre en liberté tous les immigrants prisonniers au nom des Indiens qui avaient accueillis tous les étrangers ce jour-là.
   c. On devrait procéder à une distribution massive de plats chauds, de bible et de brochures évangéliques à tous indistinctement.

3. Que constatons-nous aujourd'hui ? C'est une fête de retrouvailles de parents et d'amis où le dindon en fait les frais.

Leçon 11 - Ce que la bible enseigne

Textes de base: Ge.3 :21 ; Mt.24 : 6-7 ; 28 :20 ; Jn.3 :16 ; 10 :16 ; 16 :13 ; Ac.2 :39 ; 1Co.15 :51-57 ; Ga.3 :16 ; 1Th. 4: 15-17; 2Ti.3 :1-17 ; 2Pi.3:10-13; 1Jn.3 :8; Ap.6: 12-17; 20:10

Texte d'appui : 2Ti.3 :13-17

Texte d'or : Toute Écriture est inspirée de Dieu, et utile pour enseigner, pour convaincre, pour corriger, pour instruire dans la justice. 2Ti.3 :16

Méthodes : Discours, comparaisons, questions

But : Montrer la place indispensable de la Bible dans la vie des hommes.

Introduction
La Bible se passe de compétition quant à la révélation sur les choses dernières.

I. Elle nous révèle le plan de Dieu pour sauver l'homme perdu.
1. Il commence avec la rédemption d'Adam et d'Eve dans le jardin. Ge.3 : 21
2. Il continue avec la descendance d'Abraham jusqu'à Jésus-Christ. Jn. 3 :16 ; Ga. 3 :16
3. Jésus est l'agneau immolé pour l'expiation de nos péchés. Il fait provision pour tous les hommes d'aujourd'hui et à venir. Jn. 10 :16 ; Ac.2 : 39

II. Elle nous renseigne sur la sécurité éternelle du croyant.

1. Par la victoire de Jésus-Christ sur la puissance du péché et sur le Diable.
   1Co.15 : 56-57 ; 1Jn.3 :8b
2. Par la puissance du Saint Esprit pour le conduire dans toute la vérité. Jn.16 :13
3. Par sa présence continuelle jusqu'à la fin du monde. Mt.28 :20

III. Elle nous renseigne sur les choses dernières

1. L'immoralité sous toutes les formes. 2Ti. 3 :1-10
2. Les guerres sous toutes les formes. Mt. 24 : 6-7
3. Les fléaux naturels de divers genres. Mt. 24 :6
4. L'enlèvement de l'Eglise.
   1Co.15 : 51-52 ; 1Thes. 4 : 15-17
5. La fin du monde. Ap.6 :12-17
6. La destruction de la planète : 2 Pi.3 :10-13
7. Le sort final de Satan. L'étang de feu. Ap. 20 :10

Conclusion

Vous avez lu assez pour faire un choix définitif. Si vous refusez, Satan ne demande pas mieux. Réfléchissez mon ami, car, malgré les efforts de la technologie, l'enfer ne sera jamais climatisé.

Questions

1. Quel est le livre qui parle mieux des choses à venir ?
La Bible

2. En quoi la bible est-elle excellente ?
   a. Elle nous révèle le plan de Dieu pour sauver l'homme perdu.
   b. Elle nous renseigne sur la sécurité éternelle du croyant.
   c. Elle nous renseigne sur les choses dernières.

3. Comment Dieu planifie-t-il notre rédemption ?
   a. Il fit l'expiation pour Adam et Eve dans le jardin.
   b. Il sauve Abraham, un païen à partir duquel il va bénir toutes les nations.
   c. Il envoie Jésus-Christ mourir pour les péchés du monde.

4. Que savons-nous de la sécurité éternelle du croyant ?
   a. Jésus nous assure la victoire sur le péché et sur le Diable.
   b. Il nous donne le Saint-Esprit pour nous conduire dans toute la vérité.
   c. Jésus tient à demeurer avec nous jusqu'à la fin du monde.

Leçon 12 - Leçon spéciale : Jésus, le Dieu fait homme

Textes de base : Ex.33 :20 ; Es.9 :5 ; Mi. 5 :1 ; Mt.3 :17 ; 17 :2 ; Lu.2 : 29-32 ; Jn.1 :14-15 ; 3 :13-16 ; 8 : 12, 58 ; 10 :11 ; 11 :28, 40 ; 14 : 14, 27 ; Ac.9 :3 ; Ro.5 :1 ; Ph.2 :1-11 ; 1Ti.2 :5

Texte d'appui : Ph.2 :1-11

Texte d'or : Mais il s'est dépouillé lui-même, en prenant une forme de serviteur, en devenant semblable aux hommes ; et ayant paru comme un simple homme, il s'est humilié lui-même. Ph.2 :7-8a

Méthodes : Discours, comparaisons, questions

But : Elaborer sur le mystère de l'incarnation de Jésus-Christ

Introduction

« Et la Parole s'est faite chair ». Comment expliquer cette déclaration de Jean-Baptiste ?

I. Jésus est le Dieu incarné

Il s'est fait homme pour habiter parmi nous, mais il n'est pas « Nous ». Jn.1 :14 ; 1Ti.2 :5

1. Déclaration de Jean. Celui qui vient **après** moi était **avant** moi. Jn.1 :15
2. Déclaration du Père : Celui-ci est mon Fils bien aimé en qui j'ai mis toute mon affection. Mt. 3 :17
3. Déclaration de Jésus lui-même :
   a. Avant qu'Abraham fût, je suis ». Jn.8 :58
   b. Il est descendu du ciel. Jn.3 : 13
   c. Il préexistait à Marie, sa mère. Mich.5 :1

II. La ressemblance n'est pas l'équivalence

Il a paru comme un simple homme, mais il est divin. Ph.2 :7-8

1. Par la gloire qui brillait en lui. Jn.1 : 14
    a. Siméon l'atteste dans sa présentation au temple de Jérusalem. Lu.2 : 29-32
    b. Pierre, Jacques et Jean l'ont vu transfiguré. Mt. 17 :2
    c. Paul l'a vu illuminé sur la route de Damas. Ac.9 : 3

2. Par les prérogatives divines communes à son Père.
    a. Il est El Olam le Dieu éternel qui donne la vie éternelle. Esa. 9 :5 ; Mich.5 :1 ; Jn.3 :16
    b. Il est Jéhovah-Shalom, le Dieu de paix. Jn.14 :27
    c. Il est Jehovah-Jire, le Dieu-Providence. Jn.14 :14
    d. Il est Jehovah-Shamma, l'Eternel est ici. Jn.11 : 28 ; Mt.28 :20
    e. Il est Jehovah-Sidkenou, l'Eternel ma justice. Ro.5 :1
    f. Il est le Berger d'Israël. Jn.10 :11
    g. Il est la Lumière du monde. On doit le suivre et non le précéder. Ex. 33 :20 ; Jn.8 :12

Conclusion

Jésus est né. Il est fils de l'homme. Le Christ n'est pas né. Il est Fils de Dieu. Si tu crois en lui, tu verras la gloire de Dieu. Jn.11 :40

Questions

1. Que veut dire : « La Parole s'est faite chair ? »
   a. Jésus, La parole existait avant la chair.
   b. Jésus est Dieu.
2. Qui est Jésus ? Fils de Dieu, Fils de l'homme

3. Pourquoi est-il nommé fils de l'homme ?
   a. Il est revêtu de notre humanité
   b. Il vient pour nous sauver.

4. Pourquoi est-il appelé Fils de Dieu ?
   a. Son Père céleste l'atteste
   b. Il a les mêmes noms que son Père.

5. Qui peut témoigner de sa gloire ?
6. Siméon, Pierre, Jacques et Jean, Paul

7. Peut-on expliquer qu'il était avant Abraham, même avant Marie, sa mère ? Il est Dieu.

RECAPITULATION DES VERSETS

1. Il est bon d'attendre en silence le secours de l'Eternel. La. 3 :26

2. Ah ! Seigneur, envoie qui tu voudras envoyer.

   Ex.4 :1

3. Craignons donc, tandis que la promesse d'entrer dans son repos subsiste encore, qu'aucun de vous ne paraisse être venu trop tard. He.4 :1

4. Heureux serez-vous, lorsque les hommes vous haïront, lorsqu'on vous chassera, vous outragera, et qu'on rejettera votre nom comme infâme, à cause du Fils de l'homme ! Lu.6 :22

5. Affectionnez-vous aux choses d'en haut, et non à celles qui sont sur la terre. Col.3 :2

6. Apportez à la maison du trésor toutes les dîmes, Afin qu'il y ait de la nourriture dans ma maison ; Mettez-moi de la sorte à l'épreuve, Dit l'Éternel des armées. Et vous verrez si je n'ouvre pas pour vous les écluses des cieux, Si je ne répands pas sur vous la bénédiction en abondance. Mal.3 :10

7. Allez, faites de toutes les nations des disciples, les baptisant au nom du Père, du Fils et du Saint Esprit. Mt.28 :19

8. Lors donc qu'il eut appris que Lazare était malade, il resta deux jours encore dans le lieu où il était. Jn.11 : 6

9. Nous, nous ne sommes pas de ceux qui se retirent pour se perdre, mais de ceux qui ont la foi pour sauver leur âme.He.10 :39

10. Mais grâces soient rendues à Dieu, qui nous donne la victoire par notre Seigneur Jésus-Christ 1Co.15 :57

11. Toute Écriture est inspirée de Dieu, et utile pour enseigner, pour convaincre, pour corriger, pour instruire dans la justice. 2Ti.3 :16

12. Mais il s'est dépouillé lui-même, en prenant une forme de serviteur, en devenant semblable aux hommes ; et ayant paru comme un simple homme, il s'est humilié lui-même. Ph.2 :7-8a

Feuille d'évaluation

1. Quelle partie de ces 12 leçons vous a le plus
touché ?

    a. Pour vous-même ?_____

    b. Pour votre famille ? _____

    c. Pour votre Eglise? _____

    d. Pour votre pays?_____

2. Quelle est votre décision immédiatement après la
classe ?

_____

3. Quelles sont vos suggestions pour l'Ecole du
Dimanche :

    a._____

    b._____

    c._____

4. Questions purement personnelles :

    a. Quelle est ma contribution pour le
développement de cette Eglise ? _____

    b. Quel effort ai-je fait jusqu'ici pour améliorer sa

    condition ? _____

    c. Si Jésus vient maintenant, serai-je fier de mes
œuvres ? _____

Glossaire

Accéder:	Avoir accès à un lieu
Accoutrer (s'):	S'habiller d'une manière bizarre et ridicule
Agenda:	Carnet prédaté permettant d'inscrire son emploi du temps
Agnelet:	Petit agneau
Anonymat:	Etat de quelqu'un ou de quelque chose demeuré inconnu
Anticipation:	Exécuter avant la date prévue ou fixée
Assaut:	Attaque
Assiduité:	présence régulière, ponctualité
Autochtone:	Originaire du pays qu'il habite. Indigène, aborigène.
Ban:	Proclamation officielle de quelque chose.
Basoche f.:	Ensemble des hommes de loi.
Bigoterie:	Pratique étroite et bornée de la dévotion
Calibrer:	Classer
Commémorer:	Célébrer le souvenir d'une personne
Commérage :	Bavardage
Commisération:	pitié
Conjurer:	supplier, adjurer
Culpabilité:	Fait d'être coupable
Cynisme:	Attitude qui brave ostensiblement et brutalement les principes moraux et les conventions sociales.

Déchu:	Qui a perdu son rang, sa réputation sa dignité
Dédaigner:	Mépriser
Dénaturé:	Dépravé
Dévergondé:	Débauché
Diffamer:	Calomnier
Dynamique:	Qui fait preuve d'efficacité. Ensemble des forces qui concourront à un processus.
Enjoindre:	Ordonner, mettre en demeure de
Epanouir:	Fig. Rendre heureux quelqu'un
Equivalent:	Qui a la même valeur
Evoquer:	Rappeler
Expiation:	Fait d'expier, châtiment
Fléau:	Grande calamité publique
Fondamental:	Qui se rapporte à l'essentiel
Grotesque:	ridicule
Hormis:	A l'exception de, excepté
Humeur:	Disposition affective, passagère
Imperceptible:	Qui échappe aux sens
Imputation:	Accusation fondée ou non
Inceste:	Relations sexuelles entre un homme et une femme liés par un degré de parenté entrainant la prohibition du mariage.
Instance:	Demande pressante, prière
Intransigeant :	Qui n'admet aucune concession, aucun compromis
Libellé:	Formulé par écrit
Lourdaud:	Lent, maladroit
Malsain:	Susceptible de nuire à la santé, dangereux

Mea culpa:	Aveu d'une faute commise
Mirobolant:	Qui est trop extraordinaire pour pouvoir se réaliser.
Moine:	Homme lié par des vœux religieux et menant une vie essentiellement spirituelle.
Négociation:	Discussion entre les parties en vue d'un accord
Papillonner:	Passer constamment d'une chose ou d'une personne à une autre.
Parlementer:	Négocier en vue d'un accord
Parure:	ornement
Perpétuité:	Durée pour toute la vie
Plénipotentiaire:	Agent diplomatique muni des pleins pouvoirs.
Poils absorbants:	Production filiforme de la plante qui absorbe la sève.
Parallèle:	Comparaisons suivie entre deux ou plusieurs objets
Prédateur:	Personne qui établit son pouvoir en profitant de la faiblesse de ses concurrents.
Prémédite:	préparer avec soin et calcul un projet spécialement un ct coupable été délictueux
Prérogative:	Avantage particulier, privilège
Prolifération:	Multiplication rapide
Salopette:	Vêtement constitué d'un pantalon prolongé par une bavette à bretelles
Science comptable:	La comptabilité

Séculier:	laïc
Séquence:	Suite ordonnée d'objets d'opération d'éléments
Sève:	Liquide circulant dans les diverses parties des végétaux
Signifier:	Faire connaitre d'une manière expresse. Dr. Notifier par huissier
Stagiaire:	Préparation des candidats à l'exercice d'une fonction
Temporel:	Qui se situe dans le temps
Tendancieux:	Qui marque une intention cachée.
Thérapie mentale:	Traitement relatif aux fonctions intellectuelles.
Toge:	Robe de magistrat, d'avocat, de professeur
Transfuge:	Soldat qui déserte et passe à l'ennemi
Transaction:	opération commerciale ou boursières
Trébucher:	Perdre l'équilibre en butant sur un objet ou en posant mal son pied
Vaciller:	N'être pas bien ferme, chanceler, tituber
Verdict:	jugement rendu en une matière quelconque

Table des matières

171

Rev. Renaut Pierre-Louis

Esquisse biographique

Pasteur de l'Eglise Baptiste à Saint Raphael.	1969
Diplômé du Séminaire Théologique Baptiste d'Haiti,	1970
Diplômé de l'Ecole de Commerce Julien Craan,	1972
Professeur de langues vivantes au Collège Pratique du Nord au Cap-Haitien	1972
Pasteur de la Première Eglise Baptiste au Cap-Haitien,	1972
Pasteur de l'Eglise Redford, Cité Sainte Philomène,	1976
Diplômé de l'Ecole de Droit du Cap-Haitien,	1979
Fondateur du Collège Redford et de l'Ecole Professionnelle ESVOTEC,	1980

Pasteur militant depuis 51 ans, avocat, poète, écrivain, dramaturge, ce serviteur du Seigneur vous revient aujourd'hui avec « **La Torche Mirobolante** », un ouvrage didactique, de haute portée théologique qui a déjà révolutionné le système d'enseignement dans nos Ecoles du Dimanche et dans la présentation du message de l'Evangile.

Encore une fois, pasteurs de recherche, prédicateurs de réveil, moniteurs de carrière, chrétiens éveillés, prenez « La Torche » et passez-la. 2Tim.2 :2

www.ingramcontent.com/pod-product-compliance
Lightning Source LLC
Chambersburg PA
CBHW060229030426
42335CB00014B/1387